DAXUESHENG ZHIYE SHENGYA GUIHUA YU FAZHAN

大学生职业生涯规划与发展

主　编　吴新中

副主编　谢　华　王　辉　童　隆

人民交通出版社股份有限公司

China Communications Press Co.,Ltd.

内 容 提 要

当今社会处在变革的新时代，到处充满着激烈的竞争，职业活动的竞争尤其激烈。大学时期正处于职业生涯的探索期，大学生要想在日后激烈的职场竞争中脱颖而出，必须做好职业生涯规划与发展。本书由长期从事大学生职业生涯规划与发展指导教育工作、高校毕业生就业工作以及学生教育管理工作的同志编写，以职业生涯规划与发展过程为主线，内容涵盖大学生自我探索、职业探索、职业决策、生涯规划、评估调整五个部分。希望本书能为大学生的学业规划、择业就业、职业发展、成长成才助一臂之力。

图书在版编目(CIP)数据

大学生职业生涯规划与发展/吴新中主编. —北京：人民交通出版社股份有限公司，2018. 2

ISBN 978-7-114-14447-9

Ⅰ. ①大…　Ⅱ. ①吴…　Ⅲ. ①大学生—职业选择　Ⅳ. ①G647. 38

中国版本图书馆 CIP 数据核字(2017)第 312279 号

书　　名：**大学生职业生涯规划与发展**
著 作 者：吴新中
责任编辑：郭红蕊　张征宇
出版发行：人民交通出版社股份有限公司
地　　址：(100011)北京市朝阳区安定门外外馆斜街 3 号
网　　址：http：//www. ccpress. com. cn
销售电话：(010)59757973
总 经 销：人民交通出版社股份有限公司发行部
经　　销：各地新华书店
印　　刷：北京市密东印刷有限公司
开　　本：720×980　1/16
印　　张：14
字　　数：226 千
版　　次：2018 年 2 月　第 1 版
印　　次：2023 年 8 月　第 7 次印刷
书　　号：ISBN 978-7-114-14447-9
定　　价：38. 00 元
(有印刷、装订质量问题的图书由本公司负责调换)

《大学生职业生涯规划与发展》

前言

当我们决定编写这本教材的时候，基于多年职业生涯规划与就业指导工作的实际，我们力求做到学术性与人文性的结合。即既要有坚实的学术内涵，又要有温暖的人性光辉。因此，我们从我是谁、TA 是谁、谁是我的 TA、如何追到 TA、做最好的自己等方面，来阐释理论、融合实践。

当我们着手撰写这本教材前言的时候，基于“无须争辩的学习、内容确定的教育”的实际，我问即将毕业走上工作岗位的学生，同学们最想看的前言内容是什么，他(她)们一致的心声是接地气。因此，我试着想了三个关键词——遇见、看准、搞定。

我们读大学的目的，除了增长知识才干外，遇见(即见识)是最大的想法——遇见更多的人，比如那些更厉害的人、更有趣的人、更有内涵的人；遇见更多的事，比如那些更好的事、更好玩的事、更正能量的事，那如何才能遇见呢?

随着时间的推移与自身的努力，我们逐渐有了更多的遇见。但在遇见了越来越多的人和事后，却有了新的烦恼——看准。专业学习与社会实践、学科竞赛与文体特长、组织管理与创新创业，谁好谁最好，选择谁放弃谁，为什么越来越看不准?

在更多的自我挣扎或高人指点后，我们终于认准一条道上路了。但就业、考研与创业，企业、政府与参军，国企、外企与微企，人力资本、社会资本与心理资本，能力、人脉与自我效能，无论是哪个 TA，怎么感觉可能都搞不定呢?

那我们就一起来试着了解这些问题，分析这些问题，解决这些问题。翻看第一页，你会看到我们的初心；合上最后一页，愿你能得始终。

作　者

2017 年 12 月

目录

第一章　自我探索——我是谁

第一节　兴趣探索

一、生涯指引

郑萌，女，重庆交通大学经济管理学院信息管理与信息系统专业本科毕业生。刚刚毕业两年多，已经换过四家公司，她认为，自己的每份工作都不如意，都不是自己的兴趣所在。“我在高考选专业时犯了个错误。我父母认为，女孩子就应该干点轻松的工作。我那时成绩平平，对学什么根本没多考虑。但现在我挺后悔的，对这个专业没兴趣。”她的失落来自她的上一份工作。毕业时，她进入了一家事业单位，做行政秘书，每天工作就是接电话、管理办公用品、订会议室等。“在别的同事眼里，我是个打杂伺候人的，这种感觉真没法忍受。”因此，工作了不到三个月，她就辞职了。

兴趣是最好的老师，也是职业选择的原动力。大学生在选择职业时，要充分认识到自己的兴趣所在。一个人只有对自己所从事的职业感兴趣，才会积极、主动地进行创造性的学习和工作，才会不畏艰险、发奋努力，在本职业领域内取得瞩目的成就。一个对自己的职业毫无兴趣的人，即便再聪明，也可能会因为缺乏进取的动力而难有建树。

思考：如果你对自己的专业(职业)不感兴趣，应该怎么办?

二、生涯知识

(一) 兴趣

1. 兴趣内涵

关于兴趣(Interest)的内涵，不同领域的专家都有各自不同的解读，为了能让同学们对兴趣有更深入的认识与理解，下面我们来了解一下几种常见的兴趣定义。19世纪德国著名的教育家赫尔巴特首次对兴趣概念做出系统定义，他认为："兴趣是在心理上的一种积极的活动，同时也代表着自我的一种活动，是人们潜意识里形成的内在的活动，并不是人们无意之间或是不经意间形成的。"因此，兴趣是一项有个性的心理活动。美国著名教育家杜威则认为兴趣表示个人的选择态度，个人对某对象所持的态度——对所遇见事物的态度。但个人的态度并非孤立存在，而是对某种情境里正在发生的某事的反映，而且是其情境中的一个因素。有了兴趣就能专心致志、聚精会神、自忘其身于某种对象里面。兴趣是有目的行动的动力，从兴趣可以估量其推进某种工作的积极性。比较两者的观点，我们会发现相通大于差异。两者都认为"兴趣"是一种冲动，一种力量，都包含强烈的情感态度在里面，都强调"兴趣"的过程性。

心理学家们认为兴趣是力求认识、探究某种事物的心理倾向，由获得这方面的知识在情绪体验上得到满足而产生，它与需要相联系。兴趣是一个人力求认识和趋向某种客体的积极态度的个性倾向。它从一定的需要出发，并伴随着满意的情感。可见，兴趣是一种需求的、渴望满足的状态。因此，心理学界也普遍认为兴趣是一种认识倾向，具有认知上的选择性特征。

综合以上关于"兴趣"内涵的分析，"兴趣"至少包含五个要素：动机、需求、情绪、认知、行为。兴趣是一种行为倾向，是一种包含积极情感的动机。没有行为的开始，没有态度的变化，不可谓兴趣的产生。可以这样表述"兴趣"的内涵：兴趣是力求认识和趋向某种客体的积极的心理倾向，它从一定的需求出发，产生并持续地专注于某种活动，并在整个过程中都伴随着满意的情感。

2. 兴趣类型

兴趣可分为物质兴趣、精神兴趣和社会兴趣。物质兴趣表现为对物质的迷恋

和追求，例如收藏的兴趣；精神兴趣主要是指对文化、科学和艺术的迷恋和追求，例如旅游、写作、绘画、书法、摄影、发明创造等兴趣；社会兴趣主要是指对社会工作等活动的兴趣。

兴趣又可分为直接兴趣和间接兴趣。你喜欢跳舞、打球，可能是因为这些活动本身对你有吸引力，通过这些活动你会获得愉快和满足——这就是直接兴趣；你可能感到学外语是一件很枯燥的事情，但对它仍然兴致很浓，这并不是学外语本身会给你带来轻松愉快，而是学外语可以继续攻读学位，可以直接了解国外最新信息，可以找到满意的工作，可以出国学习或交流等，是这些结果在吸引你学习——这就是间接兴趣。直接兴趣和间接兴趣可以相互转化，也可以相互结合，从而更有效地调动你的积极性。

3. 兴趣特点

兴趣具有以下三个特点：

(1) 高度卷入的积极情绪体验

“兴趣”的英文是 Interest，拆开来看是 inter-est，是指人进入某项活动之后(Inter)，产生了高峰经验(est，英文语法中的最高级)。美国生涯心理学家萨维克斯(Savickas，1997)进一步解释，兴趣就是人与其所接触的事物融为一体的经验。美国芝加哥大学心理学教授米哈里·契克森米哈(Mihaly Csikszentmihalyi)花三十多年的时间对数百名攀岩爱好者、国际象棋选手、运动员和艺术家进行了访谈，他们在谈到自己的职业时，都会不约而同地提到一种“高度卷入”的状态，这种对工作忘我的投入让他们觉得是最愉悦和最满足的。

(2) 在实践中产生、变化和发展

兴趣是基于对事物、活动的认识和体验，而不是出自凭空的想象。这种了解可以是基于直接经验，也可来自于间接经验。直接经验即自己亲身去感受、实践，间接经验来自于观察学习或听人介绍。兴趣有个体在生活中长期形成的，也有在一定对的情景下由某一事物偶然激发出来的。兴趣包括人的爱好，但当人的兴趣不只是指向对某种对象的认知，而是指向某种活动的时候，人的兴趣便成为人的爱好了。兴趣和爱好都和人的积极情感相联系，培养良好的兴趣和爱好是推动人努力学习、积极工作的有效途径。

(3) 兴趣的实现往往需要理性地付出

一旦兴趣与职业结合，形成职业兴趣，需要人站在生产者的角度看待职业，愿意付出努力享受工作中的乐趣，同时接受过程中不那么有趣的部分。常常有人用诺贝尔物理学奖得主科学家丁肇中说的“兴趣比天才更重要”来强调兴趣对于职业发展的重要性，但可能忽略了丁肇中还说过：“任何科学研究，最重要的是要看对自己所从事的工作有没有兴趣，换句话说，也就是有没有事业心，这不能有任何强迫……比如搞物理实验，因为我有兴趣，我可以两天两夜，甚至三天三夜在实验室里，守在仪器旁，我急切地希望发现我所要探索的东西。”表层的兴趣源于偏好，这让人愿意去尝试、能够去行动，容易被满足，也容易消逝，而深层的兴趣源于世界观、人生观和价值观，它让你愿意为之牺牲。不计名利报酬、忘我工作，这就是责任感和使命感，是它们让人们坚持到最后。

4. 兴趣的产生和发展过程

兴趣的产生和发展一般要经历这样一个过程：感官兴趣(有趣)——自觉兴趣(乐趣)——潜在兴趣(志趣)，见图 1-1-1。

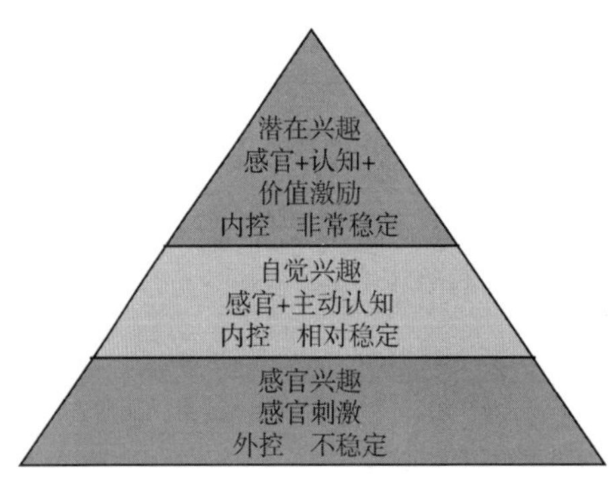

图 1-1-1 兴趣产生和发展的三阶段

感官兴趣(有趣)是兴趣发展过程的第一个阶段，也是兴趣发展的低级阶段。它是通过直观的感官刺激产生的兴趣——冰激凌甜、火锅辣、衣服好看、名车拉风、志玲火辣、刘烨很帅，基本都属于这个类型的兴趣，这是我们最原始的兴趣。三四岁孩子的好奇心很强，兴趣很多，但注意力集中的时间很短。前一分钟在画画，后一分钟也许就被汽车吸引过去，再过几分钟又开始和其他小孩玩。我们的感官兴趣正如三四岁的小孩，好奇、多变而不稳定。所以，当你在吃完烤鱼的路上，会突然对冰激凌感兴趣；你被一件衣服吸引进商店，又马上对旁边的披肩有了兴趣。在这个层面上，我们和追逐毛球的小猫没有什么不同，一旦那个球不在了，我们就转过头去，追逐路边的一只老鼠。外界的刺激决定着感官兴趣的长度和强度，这是我们最具动物性的一面。也正是因为这样，感官兴趣让我们当时很快乐，却又无法让我们集中在任何一个事物上，形成能力。正如你刷完一天微博，或者大吃一顿自助餐后感觉到的那样——没有留下什么印象。因此，感官兴趣(有趣)往往短暂易逝，非常不稳定。处于这一阶段的兴趣常常与对某一事物的

新奇感相联系，随着这种新奇感的消失，兴趣也会自然地逝去。

自觉兴趣(乐趣)是兴趣过程的第二个阶段，它是在感官兴趣(有趣)定向发展的基础上形成的，是兴趣发展的中级阶段。在情绪参与下，把兴趣从感官推向了思维，由此产生了更加持久的兴趣——自觉兴趣(乐趣)，它是认知行为参与的兴趣，在这一阶段中，兴趣变得专一、深入。我们能感觉出一首歌好听，这是感官兴趣(有趣)。如果能明白歌词背后的故事与背景，知道歌者的经历与自我诠释，我们就会对歌曲产生新的兴趣，这就是自觉兴趣(乐趣)。我们惊叹星空的美丽(感官)后开始描绘星座，这叫天文学；我们在吃饱饭后继续思考人为什么吃饭，这叫哲学；我们吃了好吃的然后对怎么做出来开始感兴趣，这叫烹饪。大部分科学和艺术都是自觉兴趣(乐趣)的成果，科学、艺术、文学、体育的发明往往都是因好玩而生，不是谋生的工作，所以它们前面往往搭配 play(玩)这个词。

自觉兴趣(乐趣)比感官兴趣(有趣)更高级，第一个理由是思维的加入，这让我们的兴趣可以更加持久并定向在一个领域，从而在脑子里形成回路，产生能力。而能力又反过来让我们能体会和学习更多。“能力——兴趣”的循环，让我们慢慢精通某项能力，打开世界。因此，培养兴趣和养花一样，有人养什么活什么，有人养什么死什么。关键是让兴趣与能力循环。自觉兴趣(乐趣)比感官兴趣(有趣)更高级，它能使我们不再依赖外界刺激，可以自己把控。当我们把兴趣的源头从外求转为内寻，我们就有了一个让自己变得有趣的内在源泉，自得其乐的人最无敌。

潜在兴趣(志趣)是兴趣过程的第三个阶段，当乐趣同社会责任感、理想、奋斗目标结合起来时，乐趣便变成了志趣。志趣具有社会性、自觉性和方向性，是取得成就的根本动力，是成功的重要保证。此时的志趣不仅仅是兴趣，而是把感官兴趣通过学习变成能力、通过能力寻找平台获得价值、在众多价值中找到自己最有力量的一种生涯管理技术，是一个人在不确定的命运中跳出的最坚定舞步。如果一个人无论生死、成败、认不认同，都无法动摇他的乐趣，这种乐趣就已经发展到了兴趣的终极目标——志趣。

再重新回头审视爱迪生等人的励志故事，我们会发现我们认为他们千辛万苦，其实他们是兴趣盎然；我们以为他们苦不堪言，其实他们乐不思蜀。正所谓“知之者不如好之者，好之者不如乐之者，乐之者不如志之者”，上天给了我们有限的时间、有限的天赋，却留给了我们无数的机会与诱惑，志趣让我们更坚定、更专心。

(二) 职业兴趣

1. 职业兴趣内涵

我们从职业规划的角度谈论的“兴趣”，不是人们在生活中的业余休闲娱乐活动，如下棋、打球等。我们在这里探讨的是如何把个人的兴趣发挥到职业领域中，当人的兴趣对象指向职业活动时，就形成了职业兴趣。从这个角度来讲，职业兴趣(Occupation interest)是兴趣在职业方面的表现，是指人们对某种职业活动具有的比较稳定而持久的心理倾向，使人对某种职业给予优先注意，并向往之；是一个人对待工作的态度，对工作的适应能力，表现为有从事相关工作的愿望和兴趣，拥有职业兴趣将增加个人的工作满意度、职业稳定性和职业成就感。职业兴趣主要是回答“我喜欢干什么”的问题，职业兴趣决定着这个职业是否是你喜欢的职业。

职业指导和心理专家普遍认为，职业兴趣与从事职业相吻合是最理想的状况，一个人如果能根据自己的爱好去选择职业，那么他不仅会愿意对工作付出，而且会积极热忱地投入，同时也会从工作中享受到很大的乐趣；相反如果总认为现在从事的工作和自己的兴趣不合，必定会对工作提不起兴致，感到工作起来简直就是受罪。据统计，一个人如果对某一工作有兴趣，一般能发挥出他才能的80%~98%，并且长时间保持高效率而不感到疲劳；一个人如果对某一工作没有兴趣，一般只能发挥他才能的20%~30%，也容易疲乏。

从开篇的案例可以看出，工作岗位其实没什么好坏贵贱之分，就看你是否喜欢和热爱。大学生通过对自己的兴趣爱好的分析和判断，将自己的职业目标与职业兴趣相结合，对以后的职业发展起到关键的作用。上述案例中的郑萌同学其实可以对自己的职业兴趣先进行一次认真深入的探索，或通过在工作中学习积累，慢慢地寻找并培养职业兴趣。大学生初入职场，很多时候都要从头做起，做行政秘书工作不能满足于简单的打杂，而应该结合自身的职业兴趣，注重自身行政管理、应用公文写作、人际沟通、灵活应变等综合能力的培养和提高，为未来的职业选择与发展提前规划准备。

2. 兴趣与职业的关系

当代大学生的兴趣爱好都很广泛，但真正将个人的兴趣与自己的职业紧密地

联系起来形成职业兴趣的却为数不多。虽然一些应届毕业生在择业应聘过程中挑三拣四，认为对这个工作不感兴趣，对那个工作不适应，如果问起他们到底喜欢干什么、自己的职业兴趣是什么时，却是一脸茫然、无所适从。这是因为大学生在大学期间缺乏对自我的认知，更对自己的兴趣爱好如何与职业选择相结合的认识考虑甚少，甚至很多大学毕业生对霍兰德职业兴趣类型理论一无所知。郑萌这个案例在应届毕业生求职择业中很普遍，因此大学生不仅要努力培养自己广泛的兴趣爱好，更要注意培养自己的职业兴趣。不仅需要了解自己有能力从事什么样的工作，更重要的是需要知道自己对哪类工作感兴趣，而且要将自己的兴趣和能力结合起来考虑，从而使自己的兴趣爱好有一个明确的指向性，转化为职业兴趣，这样才有可能选对自己的职业，而且求职成功的概率会大大提高。

可见，兴趣与职业之间有着密不可分的联系，主要表现在以下几个方面：

（1）兴趣指向是职业选择的重要依据

我们可以运用霍兰德的职业兴趣类型理论和其他兴趣测评方法，评估和测评职业兴趣倾向，选择自己所感兴趣的职业。

（2）兴趣可以增强职业的适应性和成就感

如果大学生毕业后能选择到自己感兴趣的职业，就可以增强工作的适应性和提高工作效率，而且可以发挥更大的能动性，逐渐感受到工作带来的成就感。

（3）兴趣可能对职业选择起着决定性的作用

无论个人的能力是否与职业相适应，在择业过程中首先会考虑的是对这个工作是否感兴趣，一般来说，从事自己不感兴趣的工作，不仅工作起来会令人不愉快，而且也会影响大学生就业质量和职业的稳定性。如果从事感兴趣的工作，那么其工作能力也可以逐渐地发挥出来。李开复先生关于兴趣对大学生择业的五点建议具有一定的指导意义，那就是：选你所爱；爱你所选；把握每一次选择兴趣的机会；忠于自己的兴趣；找到最佳的结合点。

（三）职业兴趣类型

对于兴趣与职业兴趣的问题，早在 20 世纪 40 年代，美国的职业发展专家和心理学家就把人的兴趣当作职业选择及人职匹配的一个重要组成部分和重要依据。到了 70 年代以后，美国约翰·霍普金斯大学心理学教授、著名的职业指导专家约翰·霍兰德(John Holland)将这个问题发展成至今应用最为广泛、最为经典的理论——职业兴趣类型理论。

1. 理论假设

霍兰德将职业归纳成六大类型，相应的，也有六种不同类型的人，会去从事符合自己的类型的职业，其主要假设为大多数人可以被归纳为六种类型：现实型（realistic type，简称 R）、研究型（investigative type，简称 I）、艺术型（artistic type，简称 A）、社会型（social type，简称 S）、企业型（enterprising type，简称 E）与常规型（conventional type，简称 C）。

同样有六种类型的环境存在，其名称及性质与兴趣类型的分类一致。霍兰德认为一种环境可以是一种职业、一种工作、一种休闲活动、一个教育项目或一个学习领域、一所学校或者是一个公司的文化氛围。

人都在追求某类工作环境，这类环境能施展个人的技术与能力，能展示个人的态度与价值，能胜任问题的解决和角色的扮演。

人的行为由行为风格与环境的交互作用决定。

2. 霍兰德职业兴趣类型

（1）现实型（R）

人的特点：这类人喜欢操作机械、修理仪器等需要技术的活动；喜欢用实际行动代替言语表达，重视现在胜于重视未来；喜欢具体明确、需要动手操作的工作环境；喜欢从事机械、电子、建筑、农事等方面的工作。他们通常情绪稳定、忍耐力强，给人以诚实、谦和、踏实的印象。

职业环境特点：这类工作环境常有个人可操作的工具、机器等。需要人们按一定程序要求明确、具体地从事技术性、技能性工作。在这类工作环境中，处理与物接触的问题比处理人际关系问题更重要。

典型职业：质检员、电力工程师、软件技术人员、建筑设计师、汽车工程师等工程技术人员，运动员。

举例：有的同学喜欢修理各种家用电器、设备等；有的喜欢上实验课、劳技课等，因为可以操作实验设备、仪器；有的喜欢玩各种组装、拼装类玩具；有的喜欢打理花草、制作家具、缝制衣物、烹饪；有的喜欢户外运动、体育活动等。

（2）研究型（I）

人的特点：这类人喜欢研究和解决抽象的问题，喜欢运用心智能力去观察、分析、推理，喜欢与符号、概念、文字、抽象思考有关的活动，喜欢从事理化、

生物等需要动脑的研究性工作，在工作中表现出优异的科学能力。他们通常个性独立、温和、谨慎、理性、有逻辑。

职业环境特点：这类工作环境通常需要运用复杂抽象的思考能力。需要人们通过观察、科学分析等进行系统的、创造性的研究工作和理论性工作。在这类环境中不太需要处理复杂的人际关系，大多数时候需要运用智慧，独立解决工作上的问题。

典型职业：心理学家、物理学家、计算机分析师、营养师、统计员、记者等。

举例：有的同学脑袋里常常有各种各样的"为什么"，与各类娱乐杂志相比，他们更喜欢翻阅科学、哲学等知识类书籍和材料；有的喜欢参加在脑力上更有挑战性的活动和游戏，如下棋、推理游戏；他们平时可能话不多，但不人云亦云。

(3) 艺术型(A)

人的特点：这类人喜欢借助文字、声音、动作或色彩来表达内心的想法和对美的感受，喜欢自由自在的、富有创意的工作环境，对美的事物具有敏锐的直觉。他们个性热情、冲动，有丰富的想象力和创造力，乐于独立思考和创作。

职业环境特点：这类工作环境通常开放自由，鼓励个人表现和创意。这类环境通常需要通过非系统化的、自由的活动进行艺术表现和创新工作，不太需要程序化的事务性工作。这类环境提供了开发、创造、自由的空间，鼓励感性与情绪的充分表达，不要求逻辑形式，使用工具也是为了传达内心的情绪或创意。

典型职业：演员、艺术家、园艺设计师、室内设计师、图解设计师、服装设计师等。

举例：有的同学喜欢欣赏各种形式的艺术作品；他们乐意参加文艺演出，没事会写写自娱自乐的小文章、拍拍各类照片、听听音乐会(并非单纯的追星)、看看画展等。

(4) 社会型(S)

人的特点：这类人喜欢从事与人接触的活动。对人慷慨、仁慈，喜欢倾听和关心别人，能敏锐觉察别人的感受。在团队中，乐于与人合作，喜欢和大家一起完成工作。他们关心人胜于关心物，关心他人的福祉，喜欢对人类有益的工作。他们个性温暖、友善、乐于助人，容易与人相处。

职业环境特点：这类工作环境鼓励人们彼此了解、互相帮助、和睦相处。通常需要人际交往技能，需要更多时间与人打交道；强调人类的核心价值观，如理想、友善等，充满了经验指导与交流、心理的沟通等。

典型职业：大学教师、社会工作者、警察、顾问、运动教练、护士等。

举例：有的同学小时候喜欢扮演老师，常常教育、指导其他的小朋友；有的喜欢参加公益服务类活动，在帮助他人的过程中感到很快乐；有的喜欢和谐友善的工作和生活环境，同学中有争执或冲突，往往充当“和事佬”的角色。

(5) 企业型(E)

人的特点：这类人喜欢以言语说服或影响他人，领导他人；喜欢销售、管理、法律、政治方面的工作；做事有组织、有计划，喜欢立刻采取行动，领导人们达成工作目标。他们通常精力充沛，生活紧凑，善于表达，希望拥有权力。

职业环境特点：这类工作环境中充满了权力、金融或经济议题。这类工作需要组织与影响他人共同完成目标，需要胆略、冒险以及承担责任，不太需要精确细琐的事务和集中心智的工作。这类工作氛围重视升迁、绩效、权力、说服力和推销能力，强调自信、社交手腕与当机立断。

典型职业：公关代表、销售、经理人、政治家、律师等。

举例：有的同学从小担任各种学生干部，在各项活动中表现出色；喜欢看各类金融类电视节目和书籍，对商业活动很感兴趣；大学后对创业感兴趣，与小伙伴们组建团队开展创业实践；热衷参加演讲比赛、辩论赛等活动；喜欢做销售类的兼职。

(6) 常规型(C)

人的特点：这类人喜欢以系统、具体、例行的程序处理文书或数字资料；喜欢从事会计、秘书等数字计算、文书数据处理方面的工作，较不喜欢从事创造类活动；喜欢在别人领导下工作，乐于配合和服从。他们通常表现为有秩序、做事仔细、有效率、值得信赖。

职业环境特点：这类工作环境注重组织与规划，需要注意细节、精确度、有系统、有条理、严格按照固定的规则、方法进行工作，不太需要笨重的体力劳动和以创意、创新为主的工作。这类工作需要运用到数字与人事行政的能力。

典型职业：书记员、计算机操作员、行政助理、银行出纳员、秘书等。

举例：有的同学习惯制订工作和生活计划，凡事做好规划；喜欢有规律地生活，把个人物品收拾得干干净净、井井有条；他们不喜欢抛头露面，在工作中乐于做助手；乐于做文字录入、表格处理、数据统计等事务性工作。

不同兴趣倾向的人对同样一个活动的喜爱可能有不同的原因和侧重点，以大多数人喜欢的养花种草为例，看看哪个答案最接近你。

现实型(R)：更喜欢浇水、除草、施肥等养花的过程，若是能拥有自己的一套种花工具就再好不过了！

研究型(I)：会仔细研究自己所养之花的门、纲、目、科、属分别是哪个，将自己的观察与书上记录进行对比，若发现书上没有记录的重要特征，会遍寻资料，找到原因才罢休。

艺术型(A)：即使养棵小杂草，也要找个漂亮的花盆，摆成美丽的图案，无论从哪个角度看都很美丽。

社会型(S)：其实养花不是重点，重要的是朋友们收到自己送的花露出灿烂的笑容，这令人开心。

企业型(E)：通过对花卉市场的调查，品种的改良，形成自己的花卉品牌，并带动自己的亲戚朋友一起加入这个市场。

常规型(C)：很在意养花场的干净整洁，花房不能有破损的花盆，每盆花都有自己固定的地方，所有用品必须摆放整齐，处理妥当。

霍兰德六种人格特质与职业环境类型，见表1-1-1。

霍兰德六种人格特质与职业环境类型表　　表1-1-1

类型	喜欢的活动	人格特质	喜欢的职业	职业环境
现实型(R)	通常动作灵活敏捷，具有较好的操作技能，喜欢用手或工具制造或修理一些东西，喜欢从事户外工作，喜欢使用和操作工具，而不喜欢在办公室工作。他们宁愿与机械和工具打交道也不愿与人打交道。这种人通常具有较强的实践性，热衷于通过自己的双手创造出新事物。他们主要喜欢熟练的手工工业和技术工作	重视物质、顺从、温和、实际、自然、坦率、害羞、谦虚、坚毅、诚实、稳健、节俭	机械制造、建筑、渔业、野外工作、实验技师、工程安装、某些军事职业及木匠、铁匠、产业工人、运输工作等	较多运用到身体的实际操作。通常需要运用到某些特殊的技术，以便进行机器的修理、电子器材的维护、汽车的驾驶或动物的畜养等

续上表

类型	喜欢的活动	人格特质	喜欢的职业	职业环境
研究型（I）	聪明、好奇、有学问、有创造性和批判性，有数学和科学天赋等。对科学研究和科学探索有热情，喜欢与思想有关的研究活动，如数学、物理、生物和社会科学等，喜欢研究需要分析、思考的抽象问题。喜欢独立工作，对周围的人不感兴趣	重视方法、分析、独立、温和、谨慎、智慧、精确、好奇、判断、内向、理性、保守、好学、有自信	实验室工作人员、生物学家、化学家、社会学家、工程设计师、物理学家和程序设计员	通常需要运用复杂抽象的思考能力。常常采用数学或者科学知识，寻求问题的解决。不太需要处理复杂的人际关系，必须独立解决工作上的问题
艺术型（A）	喜欢自由自在、富有创意，喜欢借助文字、声音、动作或色彩来表达内心想法和对美的感受。个性热情、冲动，有丰富的想象力和创造力。在工作上，乐于独立思考、创作，不喜欢受人支配。喜欢自我表达，喜欢在写作、音乐、艺术和戏剧等方面进行艺术创作	崇尚理想、不从众、有创意、复杂、无条理、独立、冲动、富幻想、善表达、直觉、情绪化、感情丰富、不重秩序、不服权威、不重实际	作家、艺术家、音乐家、诗人、漫画家、演员、戏剧导演、作曲家、乐队指挥和室内装潢	非常鼓励创意以及个人的表现能力。提供了开发新产品与创造性解答的自由空间。鼓励感性与情绪的充分表达，不要求逻辑形式，经常使用到的工具也是为了传达内心的情绪或创意
社会型（S）	喜欢从事与人接触的活动。个性温和、友善，乐于助人，容易与人相处。对人慷慨、仁慈，喜欢倾听和关心别人，能敏锐察觉别人的感受。在团体中，乐于与人合作，有责任感，喜欢和大家一起完成工作，不受竞争	令人信服、慷慨、助人、敏锐、富洞察力、善解人意、善沟通、宽宏、合作、有责任心、仁慈、友善、温暖、理想主义	教师、社会工作者、牧师、心理咨询员、服务性行业人员	鼓励人和人之间的和谐相待、互相帮助、和睦相处。充满了有教无类的经验指导与交流、心理的沟通、灵性的扶持等。强调人类的核心价值，如理想、仁慈、友善和慷慨等
企业型（E）	喜欢冒险、竞争，通常精力充沛、生活紧凑，个性积极、有冲劲。喜欢领导和支配别人，喜欢与人争辩，总是力求别人接受自己的观点。社交能力强，是沟通协调的高手。希望拥有权力、受人注意并成为团体中的领导者	精力充沛、冒险、武断、外向、善于社交、擅长说服人、表达、野心、冲动、自信、引人注意、乐观、社交、热情、管理、组织	商业管理，律师、政治运动领袖、营销人员、市场或销售经理、公关人员、采购员、投资商、电视制片人和保险代理	经常管理与鼓舞其他的人，力图达成组织或个人的目标。充满了权力、金融或经济的议题，甚至为了达成预期的绩效，不惜冒点风险。工作氛围重视升迁、绩效、权力、说服力与推销能力；非常强调自信、社交手腕与当机立断

续上表

类型	喜欢的活动	人格特质	喜欢的职业	职业环境
常规型（C）	个性保守谨慎，注意细节，有责任感。做事按部就班，精打细算，清清楚楚。喜欢安定，奉公守法，不喜欢改变、创新和冒险。在工作上，表现出有秩序、做事仔细、有效率、尽本分、值得信赖的特点。喜欢在别人的领导下工作，乐于配合服从	缺乏弹性、保守、顺从、自抑、缺乏想象力、谦逊、规律、坚毅、读懂、重秩序、有责任感、有效率	会计师、银行出纳、簿记、行政助理、秘书、档案文书、交通管理员、税务专家和计算机操作员	注重组织与规划。对数据进行细致有序的系统处理，如：档案管理、数据记录、进度管控、信息组织和工作机器操作等

3. 六大类型之间的关系

这六大职业兴趣类型按照一个固定的顺序排成一个六边形：RIASEC（图 1-1-2）。

霍兰德在职业兴趣类型理论中提出，某一类型的职业通常会吸引具有相同人格特质的人，如果将人格特质反映到职业上，就是职业兴趣，而职业兴趣在职业选择方面，是人职匹配的一个重要因素。然而大多数人的人格特质和职业兴趣往往是多方面的，很少集中在某一种类型上。

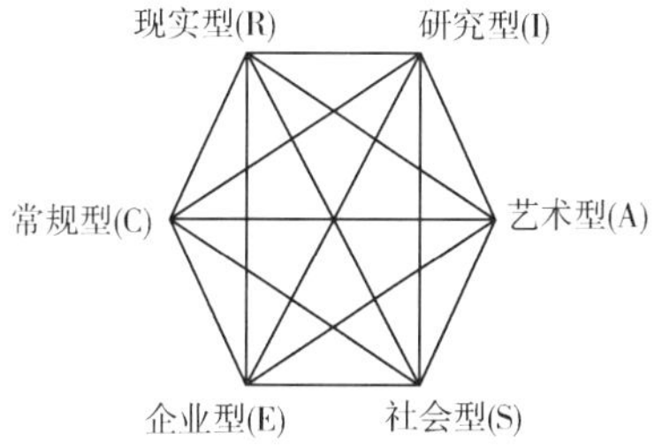

图 1-1-2　霍兰德兴趣六边形模型

从霍兰德的六边形中我们也可看出，每一种类型与其他类型之间存在不同程度的内在关系，它们的相对位置，表现出类型与类型之间心理相似的程度，在六边形上距离越近，越为相似；距离越远，差异越大。

我们大致可以描述为以下三类：

（1）相邻关系

如 RI、IR、IA、AI、AS、SA、SE、ES、EC、CE、RC 及 CR。属于这种关系的两种类型的个体之间共同点较多。比如，R 型和 I 型都对物感兴趣，S 型和 E 型都对人感兴趣，I 型和 A 型都对观念感兴趣。

（2）相隔关系

如 RA、RE、IC、IS、AR、AE、SI、SC、EA、ER、CI 及 CS。属于这种关系的两种类型个体之间共同点较相邻关系少。

(3) 相对关系

在六边形上处于对角位置的类型之间即为相对关系，如 RS、IE、AC、SR、EI 及 CA。相对关系的人格类型共同点少，因此，一个人同时对处于相对关系的两种职业环境都兴趣很浓的情况较为少见。

人们通常倾向选择与自我兴趣类型相匹配的职业环境，这样可以最好地发挥个人的能力和潜能，但在现实中，往往在选择职业的过程中，个体并非一定能够或者一定要选择与自己兴趣完全对应的职业环境。

第一，人的本身通常是多种兴趣类型的综合体，单一类型显著突出的情况极少，因此我们在用霍兰德理论评价大学生的兴趣类型时，要以其在六大类型中选择居前三位的类型组合为依据，组合时根据所选择的高低依次排列字母，构成其兴趣组型，比如 RCA、AIS 等。

第二，在现实中影响职业选择的因素是多方面的、不确定的，如果不能完全依据兴趣类型来选择职业，我们还可以参照社会的职业需求以及获得职业的可能性来进行选择。因此，在职业选择时会出现不断的妥协，从而来寻求相邻的职业环境甚至相隔的职业环境。在这种情况下，作为个人就需要去逐渐适应工作环境，从工作中逐渐培养兴趣。但如果选择的是与自己相适应类型相对的，也就是有极大反差的职业环境，那就意味着所进入的是与自我兴趣和适合自己的职业环境完全不同的职业环境，这样我们工作起来可能难以适应或者适应很慢，难以做到工作时有快乐的感觉，甚至可能会度日如年，每天工作得很痛苦。

以上就是霍兰德职业兴趣类型理论的基本描述。我们可以运用霍兰德职业兴趣类型的理论来帮助大学生在职业生涯规划过程和职业选择中，对自己的兴趣有一个客观的分析，从而找到自己的兴趣倾向以及与职业兴趣相符合的职业环境。

(四) 兴趣探索

探索兴趣的方法有很多，有心理测评、游戏活动、自我省思、实践体悟等。在这里，我们主要通过心理测评和实践体悟的方法来识别自己的兴趣，前者属于正式评估，后者属于非正式评估。

1. 正式评估

霍兰德自行研发的职业测评工具，应用最为广泛的有职业偏好量表(Vocational Preference Inventory, Holland, 1985)与霍兰德职业适应性量表(Self-

Directed Search，简称 SDS，参见附录一）两种。本书中采用的是霍兰德职业适应性量表（SDS），该量表能帮助被试者发现和确定自己的职业兴趣和能力专长，为求职择业提供科学量表。量表所设计的项目都按 R、I、A、S、E、C 六种类型的顺序排列。做完之后，可以得到自己在六大类型中分数最高的前三项，根据分数高低依次排列字母，得到自己的霍兰德兴趣代码。

2. 非正式评估

兴趣并不是天生就培养起来的，而是以自己的生活背景为前提，在生活实践过程中逐步发生和发展起来的。通过对自己以往学习、生活经历的盘点、反思，找出其中最吸引自己的东西有助于我们发现自己的兴趣。

我们选择参加什么样的社团、担任班级或校级的何种干部、听什么主题的讲座、以什么样的方式休闲等，都会受到兴趣的引导。对上述最后一个问题的回答将有助于你总结和归纳前面所有的问题，有利于从实践中发现自己的兴趣类型。

喜欢做的事情，可能分为不同的种类，即使是同一种类，也有不同的原因。比如同样是上网，有些人喜欢上网聊天，享受交友的快乐；有些人喜欢浏览专业网站，钻研学术领域的课题；有的人喜欢打网游，享受在游戏中成为赢家的感觉；还有人喜欢上网学习软件操作，提高课件或视频制作技能……这体现了不同的兴趣偏好。再比如，有的同学选择加入音乐协会，可能代表他具有艺术型的兴趣（A），但同样是加入音乐协会，有的同学喜欢与别人一起交流，参加很多团体活动，可能体现他具有艺术型和社会型兴趣（AS），有的同学可能努力成为协会会长，统筹、发展协会，这可能体现了他具有艺术型和企业型兴趣（AE），也有的同学在协会负责每次会务记录，账务管理，这可能体现了他具有艺术型和常规型兴趣（AC）。分析每一项活动背后的原因，有助于我们找到具有共性的、主导着活动的兴趣特征。

三、生涯故事

黄娇银，女，重庆交通大学财经学院市场营销专业 2010 级学生，越南籍留学生。因为对汉语尤其是中华文化有浓厚兴趣，2010 年，黄娇银从越南河内来到中国。在学校老师的帮助下，不到半年她就以优异成绩通过了 HSK（汉语水平考试）四级，以纯熟的汉语，消除了语言交际障碍。她入乡随俗，认真学习中华民族优秀文化尤其是传统美德；乐于奉献，尽力帮助遇到挫折与困难的朋友和同学。通过不懈努力取得了优异成绩，获得了重庆市“市长奖学金”和重庆交通大学外国留学生特殊贡献奖。

2012 年，在备受世人瞩目的 CCTV 第五届“汉语桥”在华留学生汉语大赛中，黄娇银过关斩将，代表重庆市和重庆交通大学成功晋级总决赛。从全国百余所高校海选，到各城市赛区预赛，再到 100 强中选出 3 强。在总决赛中，她以不俗表现收获银奖。来中国三年多，黄娇银的中文水平高到让人惊讶，成为朋友眼中的“中国通”。她不仅能用中文自由对话，还会说地道的重庆方言。她学习中文有两个方法：一是唱中文歌，二是看中国电影、电视剧和综艺节目。每次看电视剧和综艺节目，她都会努力看字幕，并试着跟电视中的人物对话。甚至，她的朋友都说她是神经病。但是这种方法很有效，她坚持了两年。

在 CCTV 第五届“汉语桥”在华留学生汉语大赛总决赛的第二环节，黄娇银要用“朋友、真诚、手机、四面八方、重逢”这组词语讲故事。她说：“之前在微博上看到一个故事。有个女孩儿的爷爷生病去世了，她知道爷爷生前想去四处旅游，但遗憾没有做到。于是女孩儿发了个微博，希望网上的朋友在旅游时能够带上她爷爷的照片，并拍照发给她，以这样的方式完成爷爷的梦想。”

黄娇银说那段时间自己每天都会不停地刷新微博。“虽说网上有很多不好的东西，但也有真诚的情感，有温暖的故事。”这个故事也让黄娇银想到了自己的爷爷。

“爷爷在两年前的中秋节去世。在送我来中国的时候，他说想来中国看看，但是我却没能跟他在中国重逢。所以，我要用我的眼睛去看中国，去感受中国。”

故事讲完，黄娇银眼角泛起了泪光，也获得了现场观众如雷般的掌声。

四、生涯活动坊

所学专业、目标职业与霍兰德职业代码

6~8 人为一组，探索所学专业、目标职业的霍兰德职业代码。

(1) 根据霍兰德职业兴趣类型的描述，请在小组内讨论，分析所学专业对应的职业环境类型有哪些，填写相应的字母(R、I、A、S、E、C)。

你所学的专业为：________________。

专业对应的最典型职业环境为____型，其次为____型，再次为____型，三字母组合为________。

可能专业所对应职业环境的三字母代码不唯一，请把你们认为正确的都写下来，并说明原因：

____。

（2）结合你的专业与对自我兴趣的认知，分别写出目前你心中暂定的三种目标职业：

职业 A______________；职业 B______________；职业 C______________。

（3）根据霍兰德职业类型特点，与小组同学讨论，确定这三个目标职业的霍兰德职业代码________、________、________（用三字母代码表示，越典型的写在越前面；可能一个职业不止一个霍兰德代码，把你们认为正确的都写下来），同时写出三个目标职业的典型特点：________________________________

____

____

____。

兴趣岛游戏

各位同学，现在你获得了一次免费度假游的机会，有机会去下列六个岛屿中的一个。唯一的要求是你必须要在这个岛上待满至少三个月的时间。请不要考虑其他因素，仅凭自己的兴趣挑出你最想前往的一个岛屿。

A：美丽浪漫岛。充满了美术馆、音乐厅，街头雕塑和街边艺人，弥漫着浓厚的艺术文化气息。居民保留了传统的舞蹈、音乐与绘画，许多文艺界的朋友都喜欢来这里找寻灵感。

C：现代井然岛。岛上建筑十分现代化，是进步的都市形态，以完善的户政管理、地政管理、金融管理见长。岛民个性冷静保守，处事有条不紊，善于组织规划，细心高效。

E：显赫富庶岛。居民善于企业经营和贸易，能言善道。经济高度发展，处处是高级饭店、俱乐部、高尔夫球场。来往者多是企业家、经理人、政治家、律师等。

I：深思冥想岛。有多处天文馆、科技博览馆及图书馆。居民喜好观察、学习，崇尚和追求真知，常有机会和来自各地的哲学家、科学家、心理学家等交换心得。

R：自然原始岛。岛上自然生态保持得很好，有各种野生动物。居民以手工见长，自己种植花果蔬菜、修缮房屋、打造器物、制作工具，喜欢户外运动。

S：友善亲切岛。居民个性温和、友善、乐于助人，社区均自成一个密切互动的服务网络，人们重视互助合作，重视教育，关怀他人，充满人文气息。

按自己的第一选择的岛屿分组就座。同一岛屿的人交流一下：自己为什么选择这个岛屿，看看大家有什么共同的兴趣爱好，有哪些想从事的职业，归纳为关键词。根据大家的交流给自己的小组命名并选取一个标志物和LOGO，在大白纸上制作一张本小组的宣传图。每个小组请一位同学用2分钟时间展示自己小组的图并向全班同学介绍一下自己小组成员共同的特点。

第二节 能力发现

一、生涯指引

刘欣然是重庆交通大学材料科学与工程专业的一名大三女学生，她的困惑是尽管三年里也学到一些专业知识，考试成绩也还过得去，但她还是不知道自己究竟擅长什么，能做什么。对于找工作，她也没什么信心，因为她压根儿就不清楚该怎么找，也不觉得自己能有什么优势或长处会被用人单位看上。再说，如果有幸能找到一份工作，她也不知道自己是否能胜任。

刘欣然同学的困惑正是源于对自身能力的困惑，也是对自身技能的困惑。技能是简历和面试所使用的语言，正确认识技能的重要性，对于个人摆脱对能力的狭隘认识，树立自信心，在求职和工作中胜出具有重要意义。

思考：用人单位招聘应届毕业生通常主要考核哪些能力？在大学期间应该如何培养这些能力？

二、生涯知识

(一) 能力

1. 能力内涵

能力(Ability)是指顺利完成某一活动所必需的心理条件，是直接影响活动效率，并使活动顺利完成的个性心理特征。能力总是和人完成一定的活动联系在一起，人的能力是在活动中形成、发展和表现出来的。比如，在绘画活动中，一个学生在色彩鉴别、空间比例关系的估计等方面都很强，画得特别逼真，我们说他有绘画能力。在音乐活动中，一个学生的曲调感、节奏感和听觉表现都很强，歌声优雅动听，我们说他具有音乐能力。倘若一个人不参加某种活动，就难以确定他具备什么能力。离开了具体活动既不能表现人的能力，也不能发展人的能力。能力影响活动的效果，能力的大小只有在活动中才能比较。比如，在其他条件(知识、技能、花费时间)相同的情况下，做数学运算时，甲比乙能更快地了解题意、采用简捷的方法、准确地进行计算，于是，我们说甲的数学能力强于乙。

但是影响活动效率的因素是多种多样的，在活动中表现出来的心理特征并不都是能力。例如：在解决数学难题时，如果一个人过于紧张，他的解题效率就会受到影响，但这种心理特征对解决问题的影响不是直接的，而是间接的，故不能称为能力；而观察的精准性、记忆的准确性、思维的敏捷性等则是完成任务所不可缺少的，这些心理品质就应该称作能力。

能力和兴趣是两个截然不同、相互独立的概念，兴趣表明你喜欢某事，表达了你的偏好；而能力表明能做某事，指出了你胜任与否的资格。你或许很喜欢周杰伦的音乐，但这不意味着你能和他一样弹奏演唱、填词谱曲。

2. 能力分类

当一个人的能力和工作的要求相匹配时，最容易发挥自己的潜能，并获得满足感。相反，当一个人去做自己力所不及的工作时，就会感到焦虑，甚至产生挫败感。而当一个人能力超出工作要求太多时，又容易感到工作缺乏挑战，比较乏味。因此，在选择职业时，我们同样要寻求个人能力与职业技能要求适配。我们需要清楚能力的分类，从而清楚自己具备什么样的能力，职业又要求什么样的能力。

目前，人们发现的能力有上百种之多，人们也从不同的角度对能力进行分类。根据能力的获得方式(先天具有与后天培养)可以将能力分为“能力倾向”和“技能”两大类。能力倾向(先天具有)是指上天赋予每个人的特殊才能，如音乐、运动、绘画能力等，也就是我们称的天赋。它是与生俱来的，不过也有可能因未被开发而荒废。因此，这是一种潜能。

3. 能力倾向的分类

关于人的天赋，传统的智力理论认为人类的认知是一元的，个体的智能是单一的、可量化的，也就是人们说的IQ(“智商”的英文简称)。而美国教育家、心理学家霍华德·加德纳(Howard Gardner)在1983年出版的《智力的结构》一书中则提出“智力是在某种社会或文化环境或文化环境的价值标准下，个体用以解决自己遇到的真正的难题或生产及创造出有效产品所需要的能力”。每个人都至少具备语言智力、逻辑—数学智力、音乐智力、空间智力、身体—运动智力、人际关系智力和内省智力，后来，加德纳又添加了自然智力。这一理论被称为多元智力理论(Multiple Intelligences)。加德纳多元智力模型，如图1-2-1所示。

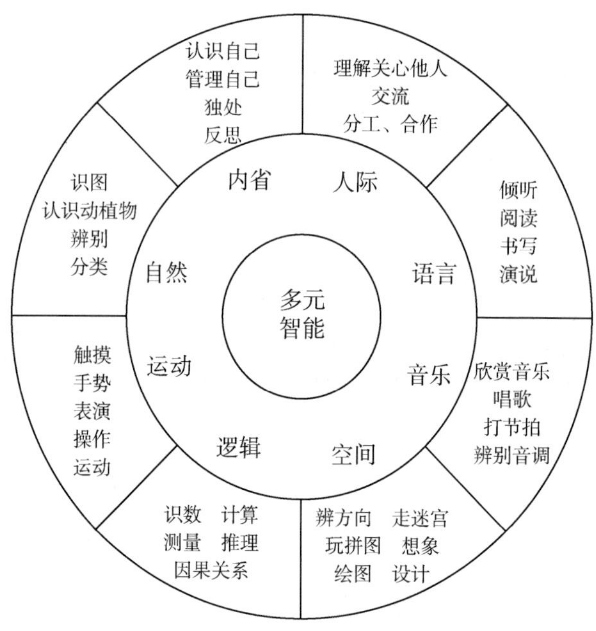

图1-2-1 加德纳多元智力模型

加德纳认为，智力是多元的——不是一两种核心能力而是由同样重要的多种能力构成的，其基本结构也是多元的——各种能力不是以整合的形式存在而是以相对独立的形式表现的。而现代社会是需要各种人才的时代，这就要求教育必须促进每个人各种智力的全面发展，让个性得到充分的发展和完善。加德纳认为人类至少有八种不同的智力，具体特点如下：

（1）语言智力

语言智力(Linguistic intelligence)，是指对外语的听、说、读、写的能力，表现为个人能够顺利而高效地利用语言描述事件、表达思想并与人交流的能力。这种智力在记者、编辑、作家、演说家和政治领袖等人身上有比较突出的表现，例如由记者转变为演说家、作家和政治领袖的丘吉尔。这是一种与生俱来的口才能力，和知识面无关。

（2）音乐智力

音乐智力(Musical intelligence)，是指感受、辨别、记忆、改变和表达音乐的能力，具体表现为个人对音乐美感反映出的包含节奏、音准、音色和旋律在内的感知度，以及通过作曲、演奏和歌唱等表达音乐的能力。这种智力在作曲家、指挥家、歌唱家、演奏家、乐器制造者和乐器调音师身上有比较突出的表现，例如音乐天才莫扎特。

（3）逻辑—数学智力

逻辑—数学智力(Logical-mathematical intelligence)，是指运算和推理的能力，表现为对事物间各种关系(如类比、对比、因果和逻辑等关系)的敏感，以及通过数理运算和逻辑推理等进行思维的能力。它是一种对于理性逻辑思维较显著的智力体现。对数字、物理、几何、化学乃至各种理科高级知识有超常人的表现，是理性的思考习惯者。一些数学家、物理科学家往往这个方面的智力点数都不低。在侦探、律师、工程师、科学家和数学家身上有比较突出的表现，例如相对论的提出者爱因斯坦。

（4）空间智力

空间智力(Spatial intelligence)，是指感受、辨别、记忆、改变物体的空间关系并借此表达思想和情感的能力，表现为对线条、形状、结构、色彩和空间关系的敏感，以及通过平面图形和立体造型将它们表现出来的能力。同时对宇宙、时空、维度空间及方向等领域的掌握理解，是更高一层智力的体现，是有相当的理性思维基础习惯为依托前提的。这种智力在画家、雕刻家、建筑师、航海家、博物学家和军事战略家的身上有比较突出的表现，例如画家达·芬奇。

(5) 身体—运动智力

身体—运动智力(Bodily-kinesthetic intelligence)，是所有体育运动员，包括世界奥运冠军等必须具备的一项智力。运用四肢和躯干的能力，表现为能够较好地控制自己的身体，对事件能够做出恰当的身体反应，以及善于利用身体语言表达自己的思想和情感的能力。这种智力在运动员、舞蹈家、外科医生、赛车手和发明家身上有比较突出的表现，例如美国篮球运动员迈克尔·乔丹。运动方面是这种智力的特点，它能有效地组织协调人的四肢，从而达到有效的运动能量。

(6) 内省智力

内省智力(Intrapersonal intelligence)，是指认识、洞察和反省自身的能力，表现为能够正确地意识和评价自身的情感、动机、欲望、个性、意志，并在正确的自我意识和自我评价的基础上形成自尊、自律和自制的能力，客观、公正、勇敢、自信地建立基础。因为人最看不清的就是自己，俗话说：你最难战胜的就是你自己！可见这个对手很强大。人在主观时是很盲目的。而正是因为真知的逐渐形成才会变得无畏，就好像小孩子都害怕去医院打针，而当渐渐长大后，就不会再为打针吃药而恐惧了。这种智力在哲学家、思想家、小说家等人身上有比较突出的表现，例如哲学家柏拉图。

(7) 人际关系智力

人际关系智力(Interpersonal intelligence)，是指与人相处和交往的能力，表现为觉察、体验他人情绪、情感和意图并据此做出适宜反应的能力，也是情商的最好展现。因为人和人的交流就是靠语言或眼神以及文字书写方式来传递的。往往这些人具有相当的蛊惑力或者煽动性。他们是组织的焦点，比如明星或者政客等。这种智力在教师、律师、推销员、公关人员、谈话节目主持人、管理者和政治家等人身上有比较突出的表现，例如美国黑人领袖、社会活动家马丁·路德·金。

(8) 自然智力

自然智力(Natural intelligence)，是指认识世界、适应世界的能力，是一种在自然世界里辨别差异的能力，如植物区系和动物区系、地质特征和气候。也是对我们自己身处的这个大自然环境的规律认知，如历史，人体构造，季节变化，方向的确立，磁极的存在，感知灵性空间的超自然科学能力，能适应不同环境的生

存能力。

这八种智能在个人的智力结构中处于同等重要的地位，每个人都同时拥有这八种智力，但它们在每个人的身上以不同的方式、不同的程度组合，从而使得每个人的智力各具特点。因此，对于世界上的每一个人来说，不存在谁更聪明的问题，只存在不同个体在哪个方面聪明的问题。每个人都是独特的，正如中国古人所言："天生我材必有用。"如果个人能将自己独特的天赋充分发挥出来，那么，每个人都可以是出色的。

4. 技能的分类

辛迪・梵(Sidney Fine)和理查德・鲍尔斯（Richard Bolles)的技能三类型理论是目前适用范围较广、接受程度较高的技能分类标准，即知识技能、可迁移技能(或称通用技能)、自我管理技能(或适应性技能)。通常人们比较容易想到自己所具有的知识技能，但实际上后两种技能更为重要。它们使我们有可能不局限于自己所学的专业，可以在更广的范围内选择职业；它们对于我们在竞争中胜出具有关键性的作用，并且使我们能够在工作中得以更长久地发展；而雇主们对它们的重视程度，也往往超过了对单纯知识技能的重视。

（1）知识技能

知识技能是指那些需要通过教育或者培训才能获得的特别的知识或能力，也就是个人所学习的专业、所懂得的知识。知识不可迁移，需要经过有意识的、专门的学习和记忆，需要大量的时间和教育投入方能获得。该能力的获得除了通过正式的专业教育外，还可通过课外培训、辅导班、讲座、研讨会、自学、资格认证考试、学术会议、爱好、娱乐休闲、社会实践、社团活动等方式获得。

知识是产生能力的基础。没有专业知识，技能就像一朵无根的花。大学生在校期间，首先要学好专业知识，因为它不仅可以帮助我们建立基本的能力基础，同时也为我们在日后求职时更具有竞争优势提供准备。

（2）可迁移技能

可迁移技能是指那些与某种具体的工作没有必然关联性的通用性技能，即适用于不同的工作场景的技能。这些技能是得以圆满完成工作任务需要的最基本的部分，也是用人单位最看重的部分，是个人最能持续运用和最能够依靠的技能。可迁移技能随个人工作经验和生活阅历的增加而不断发展，包括沟通技能、解决问题或批判性思维技能、人际关系技能、组织技能、研究技能等。可迁移技能可以从生活中的方方面面，特别是工作之外得到锻炼和发展，如参与实践、归纳总结、观察学习、模仿体会、专业训练、实习培训、业余爱好、娱乐休闲、社团活动等。

可迁移技能是一个人在职场中最宝贵的财富。例如，作为一个办公室行政助理人员，所掌握的文字处理技能，会为你今后从事其他工作打下扎实的基础。可迁移技能主要在日常生活活动中获得并能不断得到改善，并且在许多领域里都可以得到进一步的完善和增强。

美国著名的心理学家和职业专家赫伍德·斐格勒在1988年将可迁移技能分为十种，并对这些技能在职业竞争中的作用作了高度的评价。这十种技能分别是：

① 预算管理技能：表现为对现有资源的最佳运用。

② 督导他人技能：表现为执行、实现能力。

③ 公共关系技能：表现为良好的营造氛围能力。

④ 应对最后期限的压力技能：表现出强烈的攻坚能力。

⑤ 磋商和仲裁技能：表现出合理适当的妥协共存能力。

⑥ 公共演讲技能：表现出公共引导和宣传方面的潜力。

⑦ 公共评论协作技能：公共引导和宣传的表现。

⑧ 组织、管理、调整能力：领导和资源协调能力的综合体现。

⑨ 与他人面谈的技巧和能力：个体交往潜力的集中表现区域。

⑩ 教学和教导能力：传授、宣传方面的潜质。

英国学者认为，可迁移技能是从生活的各种活动中获得的技能，它们是研究技能、数字技能(如统计技能、数据处理)、计算机基本技能、外语技能。所有本科生都应该被给予机会(通过正式教学或其他活动)来发展这些技能，如果这些技能不构成学科的必要，那么可通过自愿学习、课外活动或工作体验等活动来获得。无论学生打算从事什么工作，有四种关键技能对他们的未来成功至关重要。这四种技能是：交流技能、数字技能、使用通信信息技术的技能和如何学习的技能。

总体上看，可迁移技能具有可迁移性、普遍性、实用性。具体可分成以下几类：

① 交流表达：通过口头或者书面语言形式，以及其他适当形式，准确清晰

表达主体意图，和他人进行双向(或者多向)信息传递，以达到相互了解、沟通和影响的能力。包括倾听提问的技巧、提供信息、让别人接受自己的观点、自信独特地表达自我等。

② 数字运算：运用数字工具，获取、采集、理解和运算数字符号信息，以解决实际工作中的问题的能力。

③ 创新能力：在前人发现或者发明的基础上，通过自身努力，创造性地提出新的发现发明或者改进革新方案的能力。

④ 自我提高：在学习和工作中自我归纳、总结，找出自己的强项和弱项，扬长避短，不断加以自我调整改进的能力。

⑤ 与人合作：在实际工作中，充分理解团队目标、组织结构、个人职责，在此基础上，与他人相互协调配合、互相帮助的能力。包括正确认识自我，能尊重与关心别人，能对人的意见、观点、做法采取正确的态度。

⑥ 解决问题：在工作中把理想、方案、认识转化为操作或工作过程和行为，并最终解决实际问题、实现工作目标的能力。包括分析问题、处理抽象问题、对于一个问题提出多种解决方法并挑出最合适的一种、运用批判性的思考方式来看待各种因果关系、设置并达到目标、创造性思考。

⑦ 组织策划能力：计划、决策、指挥、协调、交往。

⑧ 信息处理：运用计算机技术处理各种形式的信息资源的能力。

⑨ 学习能力：善于发现并记录，坚持不懈克服困难，继续学习的能力。

⑩ 管理能力：包括管理自己、信息、他人和任务的能力。

这些技能可增强个人竞争力，对就业和终身发展都有着重要作用和深远的影响。

(3) 自我管理技能

自我管理技能用以描述或说明人具有的某些特征。它常被看作是一些人格特质或个人品质而不是技能，如精力充沛、身体强壮、通情达理、乐于助人、机智灵敏、可靠真诚等。良好的自我管理技能能够帮助个体更好地适应周围的环境以应对工作中出现的问题，因此，它也被称为“适应性技能”，可以帮助你更好地适应周围的环境以及让你在周围的环境中更好地调整自己。这一技能的主要获得途径有榜样的力量、认同与练习、观念的多元化、自我认知的提高、意志力的培养、丰富的精神生活等。

以下列出了职场成功的四大基本要素，这些要素大多数属于自我管理技能，这些能力有助于你推销自己，将自己与其他人区分开来。

★ 品德：个人的品质，包括体贴、尊重、幽默、宽容、诚实、负责、平和、忠心、礼貌等；

★ 情绪能力：有效地处理和管理自己情绪的能力，良好的处理人际关系的能力；

★ 逆境承受能力：失败或逆境中的承受能力，能不能承受失败，能不能顶住压力继续前进，如持之以恒、坚毅；

★ 胆识：是否具有冒险精神，是否具有勇气，有勇气的人才能够把握机会。

（二）能力与职业的关系

1. 能力与职业吻合

心理学家罗圭斯特与戴维斯(Lofquist & Dawis，1984)在对个体的工作适应问题进行多年研究以后，提出了明尼苏达工作适应论。他们认为：当工作环境能够满足个人的需求时，个人会感到“内在满意”，而当个人能够满足工作的要求时，个人能够达到“外在满意”(即令自己的雇主、同事感到满意)。当个人能够同时达到内在和外在满意时，个人与环境之间的关系就比较协调，个人的工作满意度会比较高，在该工作领域也能持久发展。

而在对“内在满意”和“外在满意”这两个指标的衡量当中，能力都占有很重要的地位。罗圭斯特与戴维斯认为：“外在满意”主要可以通过衡量个人职业技能与工作的技能要求之间的配合程度来进行评估；而在“内在满意”方面，则主要通过衡量个人价值观与企业文化及奖惩制度之间的适配性来评估。我们不难看到：做自己能够胜任的工作，培养和发展自己的能力，发挥个人的潜能，常常是个人选择职业时希望能够得到满足的需求，亦即与能力相关的价值观。由此可见，能力与个人的职业满意度、工作适应性以及职业稳定性具有直接的相关关系。大学生对自己能力的认识和职业定位相对吻合，才能更好、更快地寻找到自己的位置，让生命的意义得到充分的体现。

我国职业教育的奠基人黄炎培先生对此有过异曲同工的表述：“一个人的职业和才能相当和不相当，相差很大。用经济的眼光看，要是相当，不晓得增加多少效能；要是不相当，不晓得埋没多少人才。就个人而言，相当，不晓得有多少快乐；不相当，不晓得有多少怨苦。”可见，工作的理想状态是可以使用我们熟练的、擅长的并且最愿意使用的技能。而清楚地认识自己的能力之所长，则是达到内在满意与外在满意相协调、步入理想工作状态的阶梯。能力不同，对职业选择自然存在差异。在能力类型与职业定位的匹配过程中应遵循以下原则：

① 必须承认人的能力类型是有差异的，重点在于能力类型与职业类型的匹配，适合的才是最好的。

② 能力水平要与职业层次基本一致。在根据能力类型确定了职业类型后，还应根据自己所达到或可能达到的能力水平确定相吻合的职业层次，使能力与职业达到吻合。

③ 充分发挥优势能力的作用。每个人的能力结构是不一样的，某方面的能力占优势，则另一些方面可能不太突出。关键在于要扬长避短，而不是苦于自己能力的短板从而丧失信心和斗志。

2. 能力是求职者的核心竞争力

每份工作都需要具备相应的能力。能力是完成任务的基础，与工作绩效有较高的相关性。无论是应聘者还是雇主，都非常重视能力的提升。应聘者与雇主共同关注的是：从前做过的，现在能做的，未来可以做的。在求职竞争力方面，能力显得格外重要。能力之于求职者，如水之于鱼，能力是求职者的核心竞争力，是求职者在职业市场上换取薪金与赏识的筹码。一个能够清晰地了解自己的能力并有条理地向潜在雇主表达自己能力的人，才是受雇主青睐的有准备者。

（三）大学生应具备的职业能力

现代社会还是一个重能力的社会，任何一种机构在选人用人的时候，都不会忽视能力的价值，因为能力是完成一切工作、创造效益的基础。当今社会究竟需要走出校门的大学生具备什么样的职业能力呢？我们先来看看用人单位的回答：

北大青鸟公司人力资源部：企业要求的人才不是应试人才，而是做事人才。

中国长安汽车集团股份有限公司人力资源部：我们比较看重的是人才的协调能力和沟通能力，所以招聘时在面试、笔试之外，还要进行一些测试，只有这些全部都能通过，才有可能被录用。

某国企人力资源部经理介绍说，专业技能是我们对员工最基本的素质要求，技术类行业招人时更是注重应聘者的技术能力。应聘者如果是同等能力，也许会优先录取研究生。但是，进入公司后学历高低就不是主要的衡量标准了，会更看重实际操作技术。

虽然用人单位对人才的要求各有不同，但很多因素是相同的，主要有以下几种：专业知识能力、实践动手能力、工作适应能力、语言表达能力、创新能力、领导能力等多种能力(图 1-2-2 为用人单位认为毕业生需加强的能力分布，源自某高校委托第三方机构调研撰写的用人单位评价及需求分析报告)。

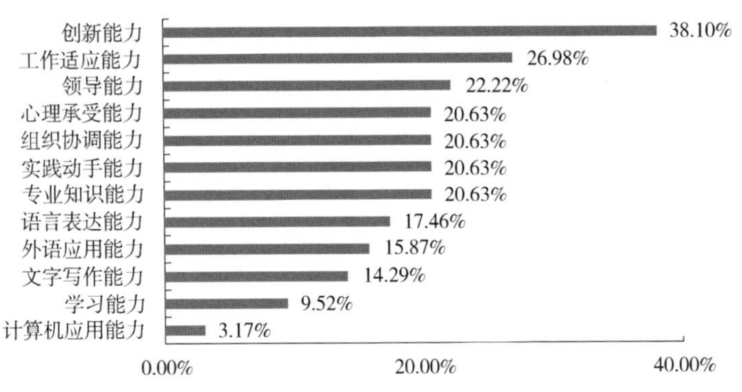

图 1-2-2　用人单位认为毕业生需加强的能力分布

1. 合理的知识结构

合理的知识结构不仅仅包括精深的专业知识，还包括广博的基础知识。专业知识是知识结构的核心部分，是人才知识结构的特色。大学生对自己所学专业的知识和技术的学习，不仅要达到高数量，还应该达到高质量，有一定的深度，而不是蜻蜓点水，不求甚解。基础知识是知识结构的根基，是知识更新的原动力。专业知识与基础知识的有机结合，是担任现代社会职业岗位的必要条件，是人才成长的基础。古代，科学处于萌芽时期，人才曾以“通才为主”；近代，科学不断分化，人才则以“专才为主”；今天，科学高度分化与高度综合，人才以“通才取胜”，专博相济，专深博广，成为当前人才素质的重要要求。

2. 实践动手能力

在一切社会活动中，尤其是教学、科研、生产第一线，没有熟练的动手操作能力是很难胜任的。动手操作能力至少包含两个方面，一是拿起来能干，二是干得好。正如用人单位所说：企业要求的人才不是应试人才，而是做事人才。大学生有了一定的知识积累，并不等于有了各类岗位所需要的实际应用能力。一些大学毕业生只是懂得一些理论知识，只会纸上谈兵，缺乏必要的动手操作能力，因此被用人单位拒之门外。

3. 交流沟通能力

人际交往是交流信息、获取知识的重要途径。人际交往是个体认识自我、完善自我的重要手段。孔子曾说过："独学而无友，则孤陋而寡闻。"在人际交往的过程中，彼此从对方的言谈举止中认识了对方。同时，又从对方对自己的反应和评价中认识了自己。交往面越宽，交往越深，对对方的认识越完整，对自己的认识也就越深刻。通过人际交往，我们可以相互传递、交流信息和成果，丰富自己的经验，增长见识，开阔视野，活跃思维，启迪思想。对个人如此，对企业组织也同样如此。一些企业负责人表示，员工的交际与沟通合作能力越来越成为企业在市场竞争中获胜的主要动力，现在已经不是单枪匹马打天下的时候了，必须懂得并善于与他人合作，要发挥团队战斗力。大学生培养自己的人际交往能力不仅是自我发展完善的需要，也是未来工作环境的需要，这关系到工作效能的高低和事业的成败。

4. 社会适应能力

现在的社会千变万化，大学生要保证自己从学校到社会的顺利过渡，能很快地适应新的学习、生活、工作环境，与人交往轻松、大方，对各种情况能应付自如，左右逢源，就需要提高自己的社会适应能力。

5. 创新意识与能力

联合国教科文组织教育丛书《学会生存》中指出："人们对付当今世界性问题和挑战的能力，归根到底取决于人们能够激发和调动的创造力的潜力。"只有那些思维敏锐，能在自然和社会发展中的新问题面前充分地发挥其创造才能，以新颖的创造力去解决问题的人，才能更多地得到企业单位和社会的重视，为企业单位和社会的发展做出更大的贡献。在学习的过程中，应注意不断培养和强化自己的开拓创新能力。

6. 组织管理能力

组织管理水平的高低，已经成为一项工作、一个单位工作好坏的重要因素。大学生毕业后不可能人人都走上领导岗位从事管理工作，但每个人在将来的工作中都会不同程度地运用到组织管理才能。近几年来，在毕业生就业过程中，用人单位选聘毕业生的首选对象是学生党员和学生干部，事实上表明他们很看重毕业生的组织管理能力。管理能力包括：

① 管理自己即有效地管理时间，设置目标和标准，为自己的学习承担责任，

主动有目的地倾听，运用一系列学术技能(分析综合记忆)，开发和改进学习策略，显示智力上的灵活性，在新的或不同的情境中进行学习，制订面向长期目的的计划，有目的地反思自己的学习，批评性地阐明立场，应付压力；

② 管理信息即使用恰当的信息资源、技术和媒体，有效掌握各种信息和资料，在活动中使用恰当的语言和形式，解释多种信息格式，提供有说服力的信息或观点，对不同的目的环境或观念做出反应，批判性使用信息，以革新或创新方法使用信息；

③ 管理他人即执行共同任务，尊重他人观点和价值，在合作环境中有效工作，适应群体要求，说明观点或行动，发挥带头作用领导他人，委派任务，协商，提供建设性批评，担当重要角色，在合作环境中学习和帮助他人；

④ 管理任务即确认关键特征，把问题概念化，提出坚持重点，确定战略性选择，计划或执行行动的路线，组织子任务，开发利用适合的策略，评价结果。

其实仔细归纳一下，用人单位越来越重视大学生的可迁移能力。如果我们仅仅拥有精湛的专业能力，可能会在专业技术领域取得一时的成就，可是随着时间的推移，可迁移能力的缺乏必然会成为我们职业发展的瓶颈。

(四) 能力探索

虽然常提起“能力”这个词，但我们对能力的认知仅停留于理论理解是远远不够的，下面介绍几种能力探索的方法，以便帮助我们更深入地认识与了解我们的真实能力。

1. 专业知识能力技能分析法

专业知识技能是指一些静态的、我们已经学到的知识，这些知识是通过正式学习或非正式学习获得的。

首先，在纸上清晰细致地列出你所学的专业、学习过的专业课程和专业名词。

其次，在认真分析你的专业知识技能后，问问自己：

① 你能用自己的语言完全清楚地解释每条专业名词吗?

② 如果你已经有了目标职业或理想职业，该如何发挥这些专业知识技能，使其成为你的核心竞争力呢?

③ 面试中，你将如何展示这些专业知识技能以体现你的能力呢?

2. 技能清单

几乎所有人都倾向于狭隘地定义自己。比如，回答“你是谁”的问题时，你

会有“我是一名学生”“我的专业是心理学”“我是一名电影爱好者”等回答。给自己贴上一个狭隘的标签，容易让你自我模式化、脸谱化。如果此刻被问及你的技能，你会开出一份怎样的技能清单呢？这份清单可能会很短，但这并不代表你不具备多种技能，而是因为你从来没有被问及过这一问题，不习惯思考和讨论它。但当你提笔，开始郑重而全面地罗列你的技能时，你会发现，源源不断的技能正涌现在你的眼前，这将是一次让你惊喜不已的尝试。

值得注意的是，我们一般还会倾向于低估我们的成就和相关的技能。实际上，爬上一座山峰和用4分钟跑完1000米是同样了不起的成就。这类成就还包括抚养一个孩子、募集捐款、进入大学、做一次讲演、安慰小孩、修理电器、改掉一个坏习惯等。尽管做起来不费劲，但并不能因此认为它们不是成就。

3. 用STAR法来编写成就故事

通过检查和分析你最为得意的成就，你可以发现自己的技能。因为正是拥有了这些技能，你才取得了那些成就，你从中可以发现一些自己经常运用的技能，即你的自发性技能。

写一个关于你的成就的故事，试分析其中所体现的个人技能。如果你喜欢在做这件事时的感受，如果你为完成这件事而感到自豪，那么就可以将其视为成就。理想状态下，你可以写出7～10个成就故事，并在小组中逐一进行分析讨论。看看这些故事中是否有重复出现的技能，并将这些技能按优先次序排列。故事内容包括以下方面。

① 当时的形势(Situation)：当时的情形下，你面临的障碍、限制、困难有哪些？

② 面临的任务/目标(Task/Target)：你想达到的目标是什么？

③ 采取的行动/态度(Action/Attitude)：为了达到目标，你的具体行动是什么？你是如何一步一步克服障碍，从而达成目标的？

④ 取得的结果(Results)：让你内心感到自豪的结果是什么？

三、生涯故事

李银华，重庆交通大学2010届理学院应用数学专业本科毕业生，后考入华中师范大学数学计算机系获硕士学位。他性格文静，有较强的逻辑推理能力和编程能力，但不善于口头表达和人际交往，但因为师范院校生似乎做老师也理所当然，再加上能回到家乡，所以硕士毕业后就选择进入一所职业学院当老师。在近三年的教学过程中，他发现自己并不适合做老师，虽具备相应的学历，但不具备老师应有的管理学生的能力。课堂上不能调动学生的积极性，学生对他的授课形式很不接受，所带班级成绩也不理想，学校对他的表现不是很满意，他自己也觉得很苦恼。他也知道职业的成功必须具备专业知识、学历资质和良好的综合素质这三个方面因素。因此，在教师的岗位上可以说很难获得成功，目前的教师工作的确能给李银华带来稳定的收入和不错的福利，但就凭他的表现，这个“稳定”还能维持多久？因此他产生了转行从事其他能够发挥自己专业特长的工作的想法。

文静不善表达的李银华虽具备了教师的学历资质，但显然不具备教师应有的教学技能。当初他没有全面评估衡量自己的能力，硬着头皮上讲台，结果还是面临差点被学生轰下台的囧境。2016 年年初他果断做出选择，向学校提出申请，要求转岗到实验室，这样避免了在台前的紧张尴尬，同时又有更多的时间潜心做他的研究。因为他动手能力强，再加上编程技术强，很快许多老师的科研项目团队纷纷找他合作，在学以致用、科学实践的过程中，他逐步积累了经验，同时，也获得了不菲的经济收益。

2016 年 5 月，他组建了一只大学生创新创业团队，研发的“手机全息投影”获重庆市金奖，而且是唯一一支职业学院获金奖的参赛队伍，为学校争得了荣誉，也获得了学生们的爱戴和尊重。

由此可见，在择业时，不清楚自己能做什么，只是根据专业对口或随大流的原则是不可取的。而“能做什么”才是我们平时所说的能力，它是我们择业的重要依据。

四、生涯活动坊

用 STAR 法撰写成就故事

请写下生活中令你有成就感的具体事件然后对其进行分析，看看你在其中使用了哪些技能(尤其是可迁移技能)。这些“成就事件”不一定是工作或学习上的，也可以是课外活动或家庭生活中发生的，比如同学聚会、一次美好而难忘的旅游等等。它们不必是惊天动地的大事，只要符合以下两条标准，就可以被视为“成

就”：①你喜欢做这件事时体验到的感受；②你为完成它所带来的结果感到自豪。如果同时你还获得了他人的认可和表扬那就更好了，不过这并不重要。每一个故事都应当包含以下要素：

（1）你面临的障碍、限制或困难。（S）

（2）你想达到的目标，即需要完成的事情。（T）

（3）你的具体行动步骤，即你是如何一步步克服障碍、达成目标的。（A）

（4）对结果的描述，即你取得了什么成就。最好能够量化评估（用某种方法衡量或以数据说明）。（R）

至少写出七个故事（越多越好）。请和小组的同伴一起进行分析讨论，在其中你都使用了一些什么样的技能。最后看看在这些故事中是否有重复出现的技能，它们就是你喜爱施展也擅长的技能。将这些技能按优先次序加以排列。

第一步：头脑风暴

在脑海里仔细想出从大一到大四自己参与过的所有活动（尤其是能突出你某些能力的活动），包括：

（1）社团活动、职务、时间、所做事情。

（2）在公司实习的经历、职务、时间、所做过的事情。

（3）与他人一起合作的经历（课题调研、帮助朋友办事）。

（回忆要尽量的详细，按时间顺序写在纸上，如大一上学期发生……，大一下学期发生……，以此类推）

第二步：STAR 法则应用

将每件事用 S、T、A、R 四点写出，将重要的事情做成表格。

例如：组队参加学院辩论赛获得冠军

S：学院里共有 16 支队伍参赛，实力……我们小队……

T：熟悉辩论流程，掌握辩论技巧，获得学院辩论赛冠军

A：自己主动整理资料，组织小组学习流程，编制训练题，小组训练，根据每个人的特点，分配任务（详细，尽量详细，包括当中遇到的困难都要回忆起来，自己是怎么解决的）

R：获得学院辩论赛冠军

以上这个例子，可以让大家迅速了解你整个活动的前因后果，同时，也突出了你在这个活动过程中的领导能力、沟通能力、主动解决问题的能力等等。想到的

事情都用这个方法做出表格。一般来说，特别突出的事情应该要达到七八件。

第三节　价值观澄清

一、生涯指引

李婷婷是重庆交通大学外语学院一名优秀的学生，连续三年拿到学校奖学金，还被评为优秀学生干部、三好学生。想到马上就要毕业找工作，她觉得前途一片迷茫。一方面，她觉得自己的专业能力很强，在工程领域做一名翻译也许挺适合自己；另一方面，她又不满足于只给别人打工，希望能有自己的天地。从小她的心气儿就比较高，好强的性格促使她想去拼搏一番。不过，她又觉得四年的学习很没底，究竟自己选择去什么地方呢？去做什么工作？自己选择的依据又在哪儿呢？

无论你是从一而终度过了自己的职业生涯，还是一年两跳变换着自己的职业生涯，当你回头看自己走过的职业旅程时，你一定会看到一条能够连接在一起的路径。这条路径的今天，由昨天奠基，而明天则由今天开始。在这条路中，变化是看得到的，比如行业的变化、职务的变化、社会环境的变化。而在这看得到的变化背后，总有一些东西是不容易变的，他们默默地指引着你的选择，影响着你的决定，把你从昨天带到今天，让你从现在看见未来。这就是你的价值观。

思考：你的价值观有哪些？什么是你生命中最看重、最无法舍弃的？

二、生涯知识

（一）价值观内涵

当某种东西被需要时，它就比其他不为人们所需要的东西更为重要，我们就说这种东西的“价值”高于其他——这种观念就是价值观。价值观(Sense of worth)

是关于“事物价值”的观念，是人对客观事物及自己行为结果的意义、作用、效果和重要性的总体评价，它会推动并指引一个人做出决定、采取行动；价值观是每个人独有的一种非常重要的观念体系和动力系统，是个人行为驱动以及心灵成长的动力和源泉。每个人都有自己所追求的人生理想和人生目标，也都有自己所期望所需求的事物；价值观就像“一只看不见的手”，引导我们在纷繁复杂的情境中做出选择，影响着我们对所面临的事情做出轻重缓急、是非对错的判断，决定着我们的每个决策，决定着我们对待每个人的态度以及处理每件事的方式。总而言之，价值观就是我们在生活和工作中所看重的原则、标准或品质。它指向我们一生中最重要的东西，换句话说，价值观就是“什么是你最重要的，什么是你真正追求的”，具体到我们的日常生活中，就是我们所说的“值不值”的问题。因此，它也有一套自我激励机制。

事实上，日常生活、工作中的言语、行为、态度都在表达着我们的价值观，比如在言语中的表现形式通常是：“我认为……”“我在乎……”“我不喜欢……”等。如果不能清楚地意识到自己的价值观的存在，那我们就意识不到是价值观在影响着自己的决定，也就更意识不到价值观是如何影响自己的一言一行的。越是清楚地意识到自己的价值观，意识到为什么以这样的方式处事，以这样的态度对待某人，以这样的习惯讲话，就越了解自己为什么是这样的一个人。因此，越是想了解自己，就越要重视对自己的价值观的研究。

人的价值观的形成，是一个漫长的过程，是个体成长过程中各种因素共同作用的结果。价值内化的过程是相当复杂的，而且常受到特定关系人的影响，从青年后期至成年期价值观念开始真正成为人格的核心并且当作个人行为的准则。因此，想要了解自己为什么成了这样一个人，想要知道自己将来可能过一种怎样的生活，也要花费一定精力，慢慢去挖掘、分析，澄清自己的价值观。

价值观所包含的范围非常广泛，包括自然价值观、经济价值观、政治价值观、文化价值观、社会价值观和人生价值观等，具体来说，对名利、知识、财富、时间、伦理道德、权势、美貌、情爱、健康、生命等的重视程度如何，或是如何取舍与安排都属于价值观的内容。

（二）价值观特点

1. 稳定性和持久性

价值观具有相对的稳定性和持久性。在特定的时间、地点、条件下，人们的价值观总是相对稳定和持久的。比如，对某种人或事物的好坏总有一个看法和评价，在条件不变的情况下这种看法不会改变。

2. 历史性与选择性

在不同时代、不同社会生活环境中形成的价值观是不同的。一个人的价值观是从出生开始，在家庭和社会的影响下，逐步形成的。一个人所处的社会生产方式及其所处的经济地位，对其价值观的形成有决定性的影响。

3. 主观性

指用以区分好与坏的标准，是根据个人内心的尺度进行衡量和评价的，这些标准都可以称为价值观。

(三) 价值观与职业的关系

价值观是在需要的基础上形成并发展的，对人的职业选择和职业发展行为起着定向和推动的作用，探讨价值观对我们的职业有着重要的作用。

1. 职业价值观影响职业选择

曾参加天津卫视《非你莫属》节目的清华大学博士生李一舟，其个人能力几乎征服了当场所有的面试官，可在最终的选择中，他没有选择奇虎360、百度爱乐活等与他的专长相符的实习机会，而是选择了SOHO中国，他在说明自己为什么做此选择时解释道："SOHO中国能让自己跨出设计这个行业尝试更多的挑战，他所寻找的正是一个挑战，而不是在驾轻就熟的领域往前一小步。"李一舟对于挑战和国际化平台的看重，给他带来了不一样的实习选择。

案例中的李一舟认为"挑战"是有意义的，值得他放弃其他，他的选择反映了当时的价值观，有效的职业决策与一个人对自己的价值观的明晰程度有关，对价值观越清晰，选择的过程就越容易，当有若干个选项放在面前不知如何取舍时，我们往往采取排除的方式，这时价值观就像一个过滤器，帮我们做着澄清和排序。

2. 价值观推动职业发展

近90岁高龄的小野二郎先生，是全球最年长的米其林三星寿司大厨，严谨、自律、精准、追求极致是他对待工作的态度，永远以最高标准要求自己跟学徒，观察客人的用餐状况对寿司进行微调，确保客人享受到极致美味，甚至为了保护创造寿司的双手，不工作时永远戴着手套，连睡觉也不懈怠，在工作时，他分外

冷静、严肃，其举手投足都具有仪式一般的庄重感。正是这种对技艺力臻完美的要求，为他赢得了“寿司之神”的称号。

由此可见，价值观能提供贯穿职业发展始终的动力，而且将我们的职业推至事业甚至使命感(calling)的高度。心理学家罗圭斯特与戴维斯(Lofquist & Dawis, 1984)认为：当个人能够满足工作的要求时，个人能够达到“外在满意”；当工作环境能够满足个人的需求时，个人会感到“内在满意”。当个人同时达到内在和外在满意时，个人与环境之间的关系就比较协调，个人的工作满意度会比较高，在该工作领域中能持久发展，进而会尽最大的力量将工作做到极致，在工作中实现人生的意义和价值。

(四) 职业价值观

1. 职业价值观内涵

很多人在面对“你以后想找一份什么样的工作”这个问题的时候，都有自己的想法，“轻松而薪水高”可能都是大家想要的结果，但是，当鱼和熊掌不能兼得的时候，你又会怎样选择呢？是选择稳定但薪水一般的工作，还是选择高风险高回报的工作？每个人都会做出自己的抉择，而引导这些抉择的就是你的职业价值观。

关于职业价值观的定义有很多种，比如舒伯和黄希庭等就以人的需要进行定义。生涯大师舒伯(Stuart Schueber)将价值观定义为与工作相关的目标表达，即职业价值观是个人追求的与工作有关的目标，是个体价值观在职业上的反映，或者可以称之为工作价值观。黄希庭(1994)等认为，职业价值观反映的是人们的需要与社会职业属性之间的关系，是人对社会职业的需求所表现出来的评价。通俗地说，无论你从事什么工作，都会有努力在工作中追求的东西。从另一个角度来讲，就是你最期待从工作中获得的东西。这是一种具有明确的目的性、自觉性和坚定性的职业选择的态度和行为，对一个人的职业目标和择业动机起着决定性的作用。俗话说：“人各有志”，这个“志”表现在职业选择上就是职业价值观。

职业价值观体现了职业活动主体需要的满足关系，不同的职业能满足人的不同价值需求。比如，科研工作可以满足人的能力运用、成就感、自主性、权威等价值需求；自由撰稿人能满足人的创造性、自主性、独立性等需求；商业工作能满足人的报酬、工作环境、成就感等需求。如果对创造性要求比较高，那么与设计、建筑、广告创业、艺术等有关的工作可能会符合需求。因此，职业价值观是价值观在职业领域的体现，是人在从事满足自己内在需求的活动时所追求的工作特性或属性，即我们认为工作的各种属性是否能提升能力、工作待遇是否够好、工作环境是否舒适等孰轻孰重、哪个更为重要的观念。大学生的职业价值观是大学生这一特殊的社会群体对职业评价、职业选择、职业价值取向等内容的总体看法，在一定程度上反映了大学生的择业方向和标准，并对他们的工作态度、工作积极性乃至整个社会的稳定和发展都有重要的影响。

2. 职业价值观内在要素

根据人力资源开发与管理领域知名专家张再生教授的分析，职业价值观主要包括三个方面的因素：

第一是发展因素，包括符合兴趣爱好、机会均等、公平竞争、工作有挑战性、能发挥自身才能、工作自主性强、能提供培训机会、晋升机会多、专业对口、发展空间大、出国机会多等等，这些职业要素都与个人发展有关，因此称为发展因素。

第二是保障因素，包括工资高、福利好、保险全、职业稳定、工作环境舒适、交通便捷、生活方便等等，这些职业要素与福利待遇和生活有关，因此称为保障因素。

第三是声望因素，包括单位知名度、单位的规模和权力大小、行政级别和社会地位高低等等，这些职业要素都与职业声望地位有关，因此称为声望因素。

3. 职业价值观特性

① 职业价值观因人而异。由于每个人的先天条件和后天环境不同，人生经历也不尽相同，每个人的职业价值观的形成会受到不同的影响，因此，每个人都有自己的职业价值观和职业价值观体系。在同样的客观条件下，具有不同职业价值观和职业价值观体系的人，其动机模式不同，产生的行为也不同。

② 职业价值观相对稳定。职业价值观是人们对职业认识的深层基础，随着人们认知能力的发展，在环境、教育的影响下，逐步培养而成的。职业价值观一旦形成，便是相对稳定的，具有一定的持久性。

③ 职业价值观具有可变性。职业价值观在特定的环境下又是会改变的，由于环境的改变、经验的积累、知识的增长，人们的职业价值观是会发生变化的。

4. 职业价值观分类

根据不同的划分标准，人们对职业价值观的种类划分也不同。美国心理学家

洛特克在其所著《人类价值观的本质》一书中，提出13种价值观：成就感、审美追求、挑战、健康、收入与财富、独立性、爱、家庭与人际关系、道德感、欢乐、权利、安全感、自我成长和社会交往。我国学者阚雅玲将职业价值观分为以下12类。

① 收入与财富。工作能够明显有效地改变自己的财务状况，将薪酬作为选择工作的重要依据。工作的目的或动力主要来源于对收入和财富的追求，并以此改善生活质量，显示自己的身份和地位。

② 兴趣特长。以自己的兴趣和特长作为选择职业最重要的因素，能够扬长避短、趋利避害、择我所爱、爱我所选，可以从工作中得到乐趣、得到成就感。在很多时候，我们会拒绝做自己不喜欢、不擅长的工作。

③ 权力地位。有较高的权力欲望，希望能够影响或控制他人，使他人按照自己的意思去行动；认为有较高的权力地位会受到他人尊重，从中可以得到较强的成就感和满足感。

④ 自由独立。在工作中能有弹性，不想受太多的约束，可以充分掌握自己的时间和行动，自由度高，不想与太多人发生工作关系，既不想治人也不想治于人。

⑤ 自我成长。工作能够给予受培训和锻炼的机会，使自己的经验与阅历能够在一定的时间内得以丰富和提高。

⑥ 自我实现。工作能够提供平台和机会，使自己的专业和能力得到全面运用和施展，实现自身价值。

⑦ 人际关系。将工作单位的人际关系看得非常重要，渴望能够在一个和谐、友好甚至被关爱的环境中工作。

⑧ 身心健康。工作能够免于危险、过度劳累，免于焦虑、紧张和恐惧，使自己的身心健康不受影响。

⑨ 环境舒适。工作环境舒适宜人。

⑩ 工作稳定。工作相对稳定，不必担心经常出现裁员和辞退现象，免于经常奔波找工作。

⑪ 社会需要。能够根据组织和社会的需要响应某一号召，为集体和社会做出贡献。

⑫ 追求新意。希望工作的内容经常变换，使工作和生活显得丰富多彩，不单调枯燥。

(五) 价值观探索

在当今竞争激烈的社会，拥有适合自身发展的职业价值观对于帮助我们顺利就业有着积极的意义。对自身职业价值观有清晰认识的人在进行生涯决策时会遇到更少的困难，而这种认识澄清的过程本身就是十分重要的。那么，我们可以通过哪些方法来了解自己的价值观呢？对此，研究者们发展了很多标准化和非标准化的方法。下面就为大家介绍两种探索个人价值观的方法。

1. 标准化量表测量

在价值观的研究中，主要采用的是问卷法，即通过使用价值观测量表来探索自己的价值观。国外比较常用的是舒伯的“职业价值观量表”(Super Work Values Inventory，WVI)，用于测量职业威望和喜爱度；莫里斯(Morris)编制的“生活方式问卷”，用于测量人们对13种生活方式的价值观；阿尔伯特等编制的“价值研究量表”，用于测量6种基本价值观，即经济的、审美的、理论的、社会的、政治的和宗教的价值观；罗克奇编制的“价值调查表”，用于测量工具性和终极性价值观中各因素的相对强度。国内则较多采用宁维卫修订的舒伯“职业价值观量表”以及凌文辁根据文献编制的“大学生职业价值观量表”；金盛华和李雪也编制了“目的和手段职业价值观问卷”，并验证了目的和手段职业价值观的模型。这些问卷都可以用于测量个人价值观。

2. 非标准化方法

价值观在团体辅导中也经常被作为主题，并发展出很多测量方法。下面介绍其中的几种：

(1) 价值观大拍卖

这种方法通过向团员提供价值观清单，让其自由地竞拍自己最想要的几个价值观。活动目的是为了让团员澄清自己的价值取向，明确了解自己最珍视的是哪些价值观。

(2) 价值观市场

这种方法类似于上一种方法，首先让团员选择几种最重要的价值观，然后逐一放弃，这种方法的目的也是为了让团员明白自己最看重的价值观是什么。

(3) 临终十事

当你面对死亡的时候，你最希望完成的10件事是什么？这个方法可以不断

变化，让团员思考自己究竟想做什么，不仅可以借此机会澄清自己的价值观，也可以进行初步的自我生涯规划。

(4) 价值观分类卡

使用“职业规划分类卡”中的“价值观分类卡”，根据自己的感觉迅速将价值观分为“非常重视”“一般重视”“很少重视”“从不重视”这几个方面(分类可以自己定)。通过此方法可以明确自己的价值取向。当然，探索价值观的方法还有很多，这里就不一一介绍了。一个人对自己的价值观的认识越清晰，就越能了解自己到底需要什么，想得到什么，什么对自己才是最重要的。有了目标，生活和工作会变得更有趣，更有动力和激情。

(5) 价值观澄清

美国学者路易斯·拉恩斯(Louis Raths)认为通过三个步骤可以澄清价值观：选择、珍视和行动。

第一个步骤是选择。所谓选择，是指在没有任何压力的情况下选择一个价值观，不考虑他人的压力，也不考虑其他的价值观。

第二个步骤是珍视。所谓珍视，是要明确是否对一个价值观有着强烈的感觉并十分珍惜，是否乐于向他人向公众公布自己所珍视的价值观。

第三个步骤是行动。所谓行动，是指确认是否能够用行动来支持所选择的价值观并始终如一的根据你的选择行动。

三、生涯故事

尹豪，重庆交通大学土木学院土木工程专业(公路与城市道路方向)2010 级学生。

2010 年秋，怀着一颗成为土木工程师的心，尹豪进入了重庆交通大学土木工程专业(公路与城市道路方向)学习。初入大学，对于尹豪来说，一切都是那么新鲜——美丽的校园风光、来自五湖四海的同学、各色各样的社团招新活动……形形色色的事情都在干扰着他的想法。他想过，参加社团活动提高自己的组织能力；想过，参加学生会提高自己的协调管理能力；也想过，成为班委提升自己的领导才能……但是，他自己内心有着一个不变的态度：不管外面世界多么纷纷扰扰，自己是来学习和研究的。正是这样一种态度，选定了一条自己所渴望的学习研究之路，并且一直坚定地走完了这 4 年。

大学4年，尹豪一直保持着一个良好的习惯：每天早上8点之前准时从宿舍出发到图书馆里学习，至晚上10点才回宿舍。在图书馆的这些时间除了满足复习当天所学的课程要求之外，还有大把大把的时间可以利用起来阅读一些他感兴趣的书籍，扩充自己的知识面，了解一些之后所需要掌握的专业知识。大一学年的期末考试成绩没有辜负他这一年来的努力，通过大一学年的努力，他获得了“中交路通百万奖学金”并被评为了校级“三好学生”，但是也让他自己看到了自己与其他同学的差距。

大一学年获得的小小成绩并没有给大二的学习带来任何的优越感。大二学年开设了一些专业基础课，并且课程的数量明显增多。繁重的学业并没有给他任何的压力，反而从学习理论力学和材料力学等专业基础课程中，他找到了其中的乐趣，并且想在实践中运用自己所学的知识。怀着试一试的心态，他尝试参加了学校组织的理论力学大赛和桥模比赛，分别获得了二等奖和三等奖的成绩。通过参加这些比赛也更加巩固了自己所学的知识。在大二学年的期末考试中超常发挥，以93分的成绩考取了专业第一名，并获得了“国家奖学金”，被评为了校级“三好学生”。大二的暑假为了巩固自己所学的测量知识，他利用了这两个月的时间在武阳一级路第四合同段进行了测量实习，顶着烈日，冒着40℃的高温每天持续着6个小时的放样工作。

转眼就到了大三学年。在这一年里，道路勘测设计、路基路面工程等专业课都需要进行深入的学习与掌握，投入的时间也比以往的课程多很多。在这紧张的时间段里，他和同学一起组队参加交通科技大赛，以“会唱歌”的公路作为研究对象。没有任何研究的参考文献，只能靠他们自己来分析它的机理和变量参数。白天，需要上整整一天的课程，就只能利用晚上的时间进行讨论分析，有些时候一干就到半夜一两点。争吵过，流泪过，经过反复修改、认真修订，他们最终制订了一个参赛方案。除夕之前，他和队友赶到长春为比赛制造一个模型以及采集试验数据。零下30℃的气温确实让他这个南方小伙招架不住，但是他咬咬牙也还是挺了过来。努力最终还是收获了硕果——在全国的交通科技大赛中获得一等奖的荣誉。也是依靠这些优异的成绩，他以综合成绩第二名的成绩保送至著名道路专家唐伯明教授名下攻读硕士研究生。

大学四年的时光很快就结束了。回顾走过的道路，尹豪一直都认为是内心的那份坚守让他走到了今天。

四、兴趣、能力、价值观与职业

兴趣、能力和价值观是我们生涯管理的重要因素，它们支撑起我们的幸福人生。把这三个要素放到一张图里，就变成了下面的模型，我们称为“生涯三叶草”。兴趣、能力、价值观的交集处，就是一个完美的职位特质：好的职业应该是你喜欢的、能做好的，而且能回报给你想要的回馈的(图 1-3-1)。

(1) 兴趣产生了快乐，努力产生了能力，而价值观则帮你发现热爱的领域。兴趣、能力与价值观是三种最重要的管理生命的能力——当你拥有强大的兴趣、能力和价值观，你就会很容易地发现自己热爱的领域，在里面努力投入地玩耍，而如果你缺失了这些幸福的能力，即使你有幸能找到这个领域，你也无力把握。

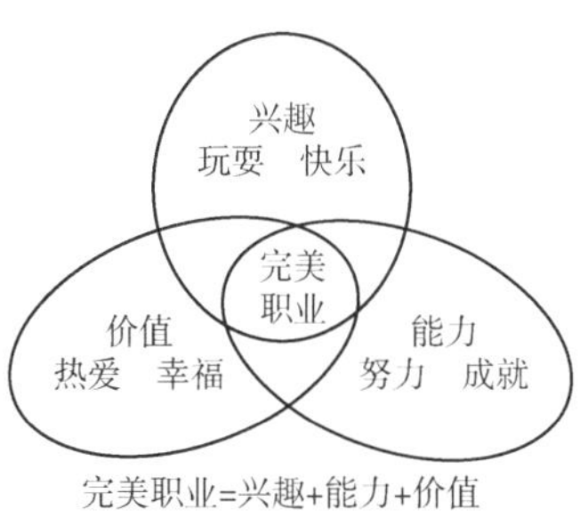

图 1-3-1　三叶草模型(完美职业)

过好人生是一种能力，而非天赋。当你开始掌握正确的练习方法，每个人都有无限可能。

(2) 生涯规划的原理正是如此。兴趣让你发现适合的行业，能力让你进入能胜任的职位，而价值观则帮你筛选你喜欢的工作方式、同事和公司。但职位的要求并非一成不变(想想“网络营销”这个职位三年内的变化吧，网络营销—百度(竞价—微博营销—大数据—微信营销—自媒体……)，人们必须持续地学习和成长才能守卫自己的幸福。这时正是兴趣产生了快乐，努力产生了能力，而价值观则帮你发现热爱的领域。

(3) 职业发展是一株顺时针的三叶草。我们会先对某一件事情感“兴趣”，这兴趣驱动我们学习和练习；持续地学习和练习让我们有“能力”完成很多事情；然后我们开始寻找一种合适的方式(往往是某种职业)把能力兑现成自己想要的“价值”。而价值强化会使我们产生下一轮的兴趣。兴趣、能力和价值观的三叶草，旋转起来，让我们掌握和精通某一个领域的，然后进入更大一轮的“兴—能—价”循环。为了好记，也有人将其称为“性能佳”循环——让自己保持在这个循环中，你就是性能最佳的(图 1-3-2)！找到你的生涯三叶草的起点，然后推动它开始循环，它会带你进入你所未知的人生。

(4) 三叶草循环。你的职业和生活中常常出现快乐、成就和满足感吗？如果不是，你的三叶草一定已经停止转动。当兴趣、能力和价值观任何一个部分不足时，你的三叶草就会卡在那个环节，不再转动，生涯的发展也就此停滞(图 1-3-3)。很多人很多年都没有在职业和生活中获得过这些感受，他们的三叶草沤得都能当三叶榨菜了。生涯三叶草任何一个环节的缺失，都会有外在的状态反映。我们可以通过外在状态，找到自己缺失的部分。

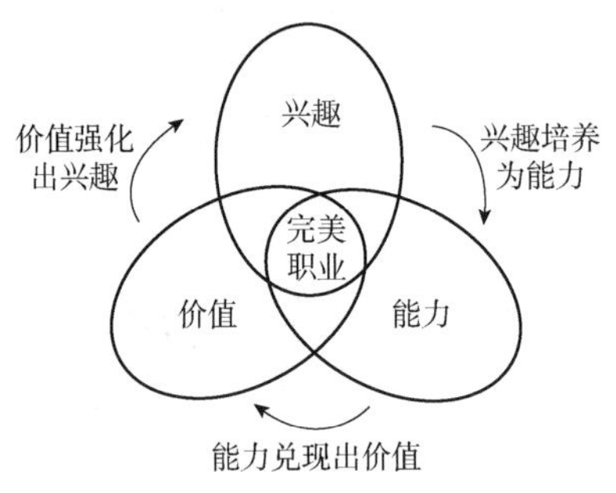

图 1-3-2　三叶草模型(“性能佳”循环)

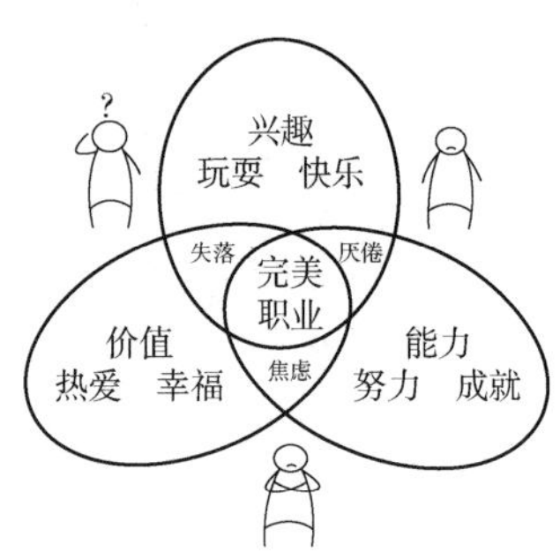

图 1-3-3　三叶草模型(缺失循环停滞)

当缺失“兴趣”时，我们表现出“厌倦”的情绪，再严重点会开始觉得“活得没意思”。

当缺失“能力”时，我们表现出“焦虑”的情绪，再恶化就顿生“无力感”。

当缺失“价值”时，我们表现出“失落”的情绪，持续很久以后内化成“自卑”。

对于生涯规划的学习者，这个三叶草模型也有很多好处：你能够敏感地通过情绪意识到自己的状态，找到缺失迅速调整，使三叶草重新旋转起来，回到“性能佳”循环中去。接纳自己是成长的第一步。当你读懂了情绪背后的需求，你就能找到自己成长的方向。厌倦需要变化，焦虑需要学习，失落需要价值。

五、生涯活动坊

价值观拍卖游戏

老师作为拍卖师，学生作为买家，全班进行拍卖价值观的活动。目的是用类似魔术店的方式，帮助学生了解有关亲情、爱情、友情、健康、美貌、爱心、金钱、欢乐等多方面的价值观念。在拍卖会上，学生个人的价值观念直接影响学生

在拍卖时的选择，学生可以从自己的取舍中了解自己的价值观和人生态度，思考和澄清自己的价值观念，进而可以帮助他们在今后规划人生时突出重点，做出理性的选择。

在今天的拍卖会上，有以下 15 种价值观要拍卖出去，假如每个人都拥有 10000 元，每项价值观的起价是 1000 元，以 1000 元为一个单位加价，出价最高者得到本项价值观，然后开始对下一项进行拍卖，直到每个人的 10000 元花完为止。大家先思考一下自己这 10000 元该如何分配，现在正式开始！价值观拍卖内容如表 1-3-1 所示。

价值观拍卖表　　表 1-3-1

项　目	预算价格	拍得价格	价格排序
1. 权力	1000 元		
2. 财富	1000 元		
3. 健康	2000 元		
4. 爱情	1000 元		
5. 礼貌	1000 元		
6. 美貌	1000 元		
7. 友谊	1000 元		
8. 爱心	1000 元		
9. 自由	2000 元		
10. 欢乐	1000 元		
11. 自尊	2000 元		
12. 诚实	1000 元		
13. 学历	1000 元		
14. 工作	2000 元		
15. 长寿	1000 元		

拍卖结束后请大家分享：

（1）你的 10000 元都是如何分配的？你都拍到了什么？都花了多少钱？

（2）为什么做出这样的选择？什么对你最重要？

（3）从这次拍卖活动中你学到了什么？

你的三叶草模型

想想看，如果你完全满意是10分，现在你的三叶草分别会打几分？

我在专业(职业)中体会到的：

快乐感____

掌控感____

满足感____

想想看，距离一个完美的专业(职业)，你还需要提升三叶草的哪个部分？这就是你努力的起点。

没有谁的三叶草一开始就是完美的10分。所有完美的专业(职业)都是自我发展而来。兴趣、能力和价值观之间，自有其内在的支持关系。

思考与练习

1. 请用附录一的测评量表进行自测，认识与了解自己的职业兴趣、职业能力和职业价值观。

2. 测评结果与你的自我认知及他人评价是否相符？如果有不相符的部分，你怎么看？

第二章　职业探索——TA 是谁

第一节　解开行业密码

一、生涯指引

马云，1988 年杭州师范学院外国语系英语专业毕业后在杭州电子工业学院任英文及国际贸易讲师；1994 年，马云创立海博翻译社；1995 年，马云受到浙江省交通厅委托到美国，在西雅图接触到万维网，并认定互联网是未来的方向，并发现中国的网站都搜不到。回国后马云和妻子、朋友筹集 2 万元人民币创立了海博网络，并且启动了中国黄页项目，其模式是为中国企业提供互联网的在线信息发布和主页；1997 年年底，中国黄页实现赢利，但是在合作中产生分歧，马云放弃网站后担任中国外经贸部中国电子商务中心总经理，负责开发其官方站点及中国产品网上交易市场，开始接触到外经贸业务，B2B 网站的想法开始逐步成熟；1999 年马云创办了阿里巴巴。

时至今日，毋庸置疑阿里巴巴是当前中国互联网行业最成功的企业之一。同时，顺应国家经济社会发展，马云旗下的产业布局涉及金融、旅游、文娱、科技、体育、零售等行业。

思考：马云为什么会选择互联网行业？互联网行业属于哪种类型行业？有什么特征？

二、生涯知识

(一) 行业探索的意义

俗话说，“男怕入错行，女怕嫁错郎”“三百六十行，行行出状元”“隔行如隔山”。这里的“行”即为“行业”。社会是由不同行业组成的，大学生进入社会就必须先对行业有一个比较全面深入的了解，当我们进入大学学习某个专业的时候，应弄清这个专业与社会中哪个行业接轨，这个行业是做什么的，这个行业需要什么素质的大学生，行业处于什么阶段等问题。职业生涯理论告诉我们，在进行职业探索时，大致顺序是行业——职业——单位——岗位，所以分析“行业”具有十分重要的意义。

1. 有利于帮助大学生深入了解职业发展领域

职业存在于各行各业中，职业不可能脱离行业单独存在。我们进行职业生涯规划必然要对职业所在行业领域进行深入全面的分析与探讨。通过行业探索，解开行业密码可以帮助大学生全面、细致地了解行业，也能够让大学生更加明确该行业的发展空间和发展方向。

2. 有利于帮助大学生明确职业发展方向

确定行业是确定职业发展方向的关键，每个人都希望自己将来能在社会上谋得一个好职位，但行业的从业人才数量、企业对人才的需求及个人发展的局限性等决定了个人的价值。通过行业分析，一方面可以帮助大学生尽早确定行业发展方向，集中有限的时间和资源去为目标努力；另一方面也可以让大学生了解哪些行业可以更好地实现自己的价值，一般来说，热门行业或正处于上升趋势的行业，谋得好职位的机会比较多，个人发展空间也自然比较大。

3. 有利于帮助大学生了解职业差距，进而提高职业竞争力

通过行业探索，可以让大学生明确整个行业的发展趋势和通用素质要求，为大学生补充完善入门能力和通用素质提出了具体要求，从而让大学生可以有效地规划大学生活，缩小职业差距。

(二) 行业内涵

1. 行业内涵

所谓行业是指从事国民经济中同性质的生产或其他社会经济活动的经营单位

和个体等构成的组织结构体系，如林业、汽车业、银行业、房地产业等。

2. 行业与产业、职业的关系

产业、行业、职业三者之间既有相同点，联系密切，又相互区别。

① 产业、行业、职业都是社会分工的产物，是社会生产力不断发展的必然结果，这是它们在本质上的共同点。在社会发展中，随着新技术的出现，产生了新产品及相应职业的从业人员，随着新产品的生产及相应从业人员数量的不断扩张，新的行业逐渐形成。当新行业发展到一定规模时，就会与其他相关行业进行整合，依据发挥作用的程度并入或形成新的产业。

② 产业、行业、职业的不同之处是它们在国民经济领域中，从着眼点的层次上是由高到低，概念上涉及的范围是由大到小。产业的着眼点是生产力布局的宏观领域，体现的是以产业为单位的生产力布局上的社会分工，产业由行业组成，例如铁匠、木工、律师、医生，按它们在生产力发展总链条中所发挥的不同作用归类，就会表现：铁匠与木工同属于加工制造业，律师与医生都属于服务业。加工制造业和服务业又分别被称为第二产业和第三产业。

行业的着眼点是企业或组织生产产品的中观领域，体现的是以行业为单位的产品生产上的社会分工，行业由企业或组织组成，当从事同类产品的生产销售企业或提供类似服务的企业达到一定数量时，才形成一个行业。例如，家电行业就包括生产电视机、空调、冰箱、洗衣机等不同类型产品的若干家企业。在同一行业内，可以从事不同的职业。例如，同在保险业，可以做保险业务员，也可以是人力资源部经理。

职业的着眼点是组织内工作人员的具体工种，体现的是以人为单位的劳动技能上的社会分工，职业由人的技能组成。有些职业具有专用性，只属于某种特定行业，特别是专业性很强的职业，例如飞行员、军官、医生等；有些职业具有通用性，大多数行业都有，例如会计、文秘、人力资源等。对于不同行业中的职业，其工作性质、重要性及其职业地位也有所不同，例如制造业与商务服务业(如会计师事务所)中的会计师职业，制造业与计算机服务、软件业的软件工程师职业，尽管职业相同，但其职业地位、工作任务及生源发展路径却不尽相同。

(三) 行业分类标准

按照不同的标准，可以将行业分为不同的类别。

1. 按照行业的范围划分

国民经济行业分类是划分全社会经济活动的基础性分类，目前国际上涉及经济活动的分类标准主要有以下三项。一是联合国统计司制定的《所有经济活动的国际标准行业分类》(ISIC)，这项标准是生产性经济活动的国际基准分类，目前国际上采用的是2006年发布的ISIC修订本第4版。ISIC按照生产要素的投入、生产工艺、生产技术、产出特点及产出用途等因素，将经济活动划分为21个门类、88个大类、238个中类和419个小类，是按照国际可比的标准化方法开展数据收集、整理和分析的重要工具。二是欧盟统计局建立的欧盟产业分类体系(NACE)，目前采用的是2006年修订发布的NACE2.0版本，包含21个门类、88个大类、272个中类、615个小类。三是由美国、加拿大和墨西哥联合建立的北美产业分类体系(NAICS)，该分类将经济活动划分为5个层次，前4层为统一分类，第5层为三个国家各自设定的细分类。现行的北美产业分类体系每5年修订一次，最新的2017年版分类中包含20个门类、99个大类、312个中类、713个小类，美国的细类共1069个。

我国《国民经济行业分类》是依据ISIC基本原则建立的国家统计分类标准，目前采用的是2017年版《国民经济行业分类》(表2-1-1)，共有20个门类、97个大类、473个中类和1380个小类。

2. 按行业所处的生命周期阶段化分

按行业所处生命周期的阶段不同，可以将行业分为初创型行业、成长型行业、成熟型行业和衰退型行业四类。

(1) 初创型行业

初创型行业即初建不久的新行业，由于新行业初建不久，只有为数不多的创业公司投资这个新兴的行业，由于初创阶段行业的创立投资和产品的研究、开发费用较高，同时因大众对其尚缺乏了解而产品市场需求狭小，销售收入较低，所以这些创业公司财务上可能不但没有赢利反而亏损，这必然使这些创业公司面临很大的投资风险，甚至还可能因财务困难而引发破产的危险。在初创阶段后期，随着行业生产技术的提高、生产成本的降低和市场需求的扩大，新行业便逐步由高风险低收益的初创期转向高风险高收益的成长期，如移动互联网行业。

《国民经济行业分类》(2017 版)　　表 2-1-1

行业门类	行业大类	中类、小类
A　农、林、牧、渔业	01　农业	详见《国民经济行业分类》(GB/T 4754—2017)
	02　林业	
	03　畜牧业	
	04　渔业	
	05　农、林、牧、渔专业及辅助性活动	
B　采矿业	06　煤炭开采和洗选业	
	07　石油和天然气开采业	
	08　黑色金属矿采选业	
	09　有色金属矿采选业	
	10　非金属矿采选业	
	11　开采专业及辅助性活动	
	12　其他采矿业	
C　制造业	13　农副食品加工业	
	14　食品制造业	
	15　酒、饮料和精制茶制造业	
	16　烟草制品业	
	17　纺织业	
	18　纺织服装、服饰业	
	19　皮革、毛皮、羽毛及其制品和制鞋业	
	20　木材加工和木、竹、藤、棕、草制品业	
	21　家具制造业	
	22　造纸和纸制品业	
	23　印刷和记录媒介复制业	
	24　文教、工美、体育和娱乐用品制造业	
	25　石油、煤炭及其他燃料加工业	
	26　化学原料和化学制品制造业	
	27　医药制造业	
	28　化学纤维制造业	
	29　橡胶和塑料制品业	
	30　非金属矿物制品业	
	31　黑色金属冶炼和压延加工业	
	32　有色金属冶炼和压延加工业	
	33　金属制品业	

续上表

行业门类	行业大类	中类、小类
C　制造业	34　通用设备制造业	详见《国民经济行业分类》(GB/T 4754—2017)
	35　专用设备制造业	
	36　汽车制造业	
	37　铁路、船舶、航空航天和其他运输设备制造业	
	38　电气机械和器材制造业	
	39　计算机、通信和其他电子设备制造业	
	40　仪器仪表制造业	
	41　其他制造业	
	42　废弃资源综合利用业	
	43　金属制品、机械和设备修理业	
D　电力、热力、燃气及水生产和供应业	44　电力、热力生产和供应业	
	45　燃气生产和供应业	
	46　水的生产和供应业	
E　建筑业	47　房屋建筑业	
	48　土木工程建筑业	
	49　建筑安装业	
	50　建筑装饰、装修和其他建筑业	
F　批发和零售业	51　批发业	
	52　零售业	
G　交通运输、仓储和邮政业	53　铁路运输业	
	54　道路运输业	
	55　水上运输业	
	56　航空运输业	
	57　管道运输业	
	58　多式联运和运输代理业	
	59　装卸搬运和仓储业	
	60　邮政业	
H　住宿和餐饮业	61　住宿业	
	62　餐饮业	
I　信息传输、软件和信息技术服务业	63　电信、广播电视和卫星传输服务	
	64　互联网和相关服务	
	65　软件和信息技术服务业	

续上表

行业门类	行业大类	中类、小类
J　金融业	66　货币金融服务	详见《国民经济行业分类》(GB/T 4754—2017)
	67　资本市场服务	
	68　保险业	
	69　其他金融业	
K　房地产业	70　房地产业	
L　租赁和商务服务业	71　租赁业	
	72　商务服务业	
M　科学研究和技术服务业	73　研究和试验发展	
	74　专业技术服务业	
	75　科技推广和应用服务业	
N　水利、环境和公共设施管理业	76　水利管理业	
	77　生态保护和环境治理业	
	78　公共设施管理业	
	79　土地管理业	
O　居民服务、修理和其他服务业	80　居民服务业	
	81　机动车、电子产品和日用产品修理业	
	82　其他服务业	
P　教育	83　教育	
Q　卫生和社会工作	84　卫生	
	85　社会工作	
R　文化、体育和娱乐业	86　新闻和出版社	
	87　广播、电视、电影和录音制作业	
S　公共管理、社会保障和社会组织	88　文化艺术业	
	89　体育	
	90　娱乐业	
	91　中国共产党机关	
	92　国家机构	
T　国际组织	93　人民政协、民主党派	
	94　社会保障	
	95　群众团体、社会团体和其他成员组织	
	96　基层群众自治组织及其他组织	
	97　国际组织	

（2）成长型行业

在成长阶段，新兴行业的产品经过广泛宣传和消费者的试用，逐渐赢得了消费者的认可，市场需求开始上升。与市场需求变化相适应，供给方面相应的出现了一系列的变化，即投资于新兴行业的厂商大量增加，产品也逐渐从单一、低质、高价向多样、优质、低价方向发展，因而新兴行业出现了生产厂商和产品相互竞争的局面。这种状况的继续将导致生产厂商随着市场竞争的不断发展和产品产量的不断增加，市场的需求日趋饱和。生产厂商不能单纯地依靠扩大生产量、提高市场份额来增加收入，而必须依靠追加投资、提高生产技术、降低成本以及研制和开发新产品来争取竞争优势、战胜竞争对手和维持企业的生存，如互联网行业。

（3）成熟型行业

行业的成熟阶段是一个相对较长的时期。这一时期中，在竞争中生存下来的少数大厂商垄断了整个行业的市场，每个厂商都占有一定比例的市场份额。由于彼此势均力敌，市场份额比例发生变化的程度比较小。厂商之间的竞争逐渐从价格手段转向非价格手段，例如提高产品质量、改善性能和加强售后服务等。行业利润达到了较高的水平，而风险却比较低，这是因为市场已经被原有大企业按比例分割，产品的价格比较低，新企业往往由于创业投资无法很快得到补偿或产品的销路不畅、资金周转困难而倒闭或转产，如家电行业。

（4）衰退型行业

这一时期出现于较长的稳定阶段之后，由于新产品和大量替代品的出现，原行业的市场需求开始逐渐减少，产品的销售量开始下降，某些厂商开始向其他更有利可图的行业转移资金。因而原行业出现了厂商数目减少，利润下坠的萧条景象。至此，整个行业便进入了生命周期的最后阶段。当正常利润无法维持或现在投资折旧完毕后，整个行业便逐渐解体了，如煤炭业。

（四）行业探索的主要内容

对于在校大学生来说，行业探索主要是对将来想从事的目标行业进行深入分析。对于行业的分析一般从以下五项内容进行：

1. 行业描述

行业描述，就是定义这个行业。具体包括行业名称、各方对其的定义及行业

的细分领域(具体分类)。

2. 行业发展现状、前景趋势

主要包括行业的发展时间阶段、行业总体规模、产业链(产业的流程和利润分配)、行业细分领域等，以及对行业前景趋势的评价。

3. 行业内1~2家标杆企业介绍

标杆企业即是此领域此行业的代表，一是寻找1~2家行业内的标杆企业；二是对企业进行较详细的介绍，从而更深入地了解行业。

4. 行业的人力资源需求状况

行业的人力资源需求状况即了解这个行业都需要什么样的人才，为自己的职业选择，也为个人的职业定位缩小差距。

5. 从事行业需要具有的通用素质和从业资格证书

每个行业都有一定的入行要求，这些就表现为通用素质和从业证书，从业证书是证明通用素质的一种手段，如同法律的司法考试。一般来说，通用素质的适合是这个行业长期发展所决定的，具备了就比较容易入门和发展，否则就会出现问题。大学生可以通过掌握通用素质和考取从业资格证书作为入行的敲门砖。

(五)行业发展趋势

1. 世界产业发展的新趋势

从世界现代产业发展出现的新动向和趋势来看，一是各国都在大力发展低碳、循环经济，促进经济增长模式转型；二是积极培育战略性新兴产业，努力抢占国际经济制高点；三是国际产业不断向发展中国家转移，发展中国家对国际产业转移的承接逐渐呈边际效益递减趋势；四是更加重视科技创新，新科技革命和产业革命，信息技术与产业和科学交叉融合，将衍生出新的交叉科学与产业的应用，将出现网络化、集群化、融合化的态势。

2. 新兴产业(朝阳产业)发展规划与趋势

行业发展趋势与国家产业发展规划与发展趋势保持高度一致，国家新兴产业发展是未来行业发展的重点领域。《“十三五”国家战略性新兴产业发展规划》(国发〔2016〕67号)指出，“十二五”期间，我国节能环保、新一代信息技术、生物、高端装备制造、新能源、新材料和新能源汽车等战略性新兴产业快速发展。

未来 5 到 10 年，一是信息革命进程持续快速演进，物联网、云计算、大数据、人工智能等技术广泛渗透于经济社会各个领域；二是增材制造(3D 打印)、机器人与智能制造、超材料与纳米材料等领域技术不断取得重大突破；三是基因组学及其关联技术迅猛发展，精准医学、生物合成、工业化育种等新模式加快演进推广；四是应对全球气候变化助推绿色低碳发展大潮，清洁生产技术应用规模持续拓展；五是数字技术与文化创意、设计服务深度融合，数字创意产业逐渐成为促进优质产品和服务有效供给的智力密集型产业。

2016 年，在《“十三五”国家战略性新兴产业发展规划》的指导下，国家发展改革委会同科技部、工业和信息化部、财政部等根据战略性新兴产业发展新变化，通过咨询战略性新兴产业专家委员会、网上征求全社会意见等方式，形成了《战略性新兴产业重点产品和服务指导目录(2016 版)》(表 2-1-2)，共 5 大领域 8 个产业，40 个重点方向下 174 个子方向，近 4000 项细分的产品和服务，进一步明确指出未来 5 年新兴产业发展重点与发展方向，为大学生能够做出正确的行业选择提供指导。

战略性新兴产业重点产品和服务指导目录(2016 版)　　表 2-1-2

领　域	产　业	40 个重点方向
1. 新一代信息技术产业	1.1　下一代信息网络产业	1.1.1　网络设备
		1.1.2　信息终端设备
		1.1.3　网络运营服务
	1.2　信息技术服务	1.2.1　新兴软件及服务
		1.2.2　“互联网+”应用服务
		1.2.3　大数据服务
	1.3　电子核心产业	1.3.1　集成电路
		1.3.2　新型显示器件
		1.3.3　新型元器件
		1.3.4　高端储能
		1.3.5　关键电子材料
		1.3.6　电子专用设备仪器
		1.3.7　其他高端整机产品
	1.4　网络信息安全产品和服务	1.4.1　网络与信息安全硬件
		1.4.2　网络与信息安全软件

续上表

领　　域	产　　业	40个重点方向
1. 新一代信息技术产业	1.4　网络信息安全产品和服务	1.4.3　网络与信息安全服务
	1.5　人工智能	1.5.1　人工智能平台
		1.5.2　人工智能软件
		1.5.3　智能机器人及相关硬件
		1.5.4　人工智能系统
2. 高端装备制造产业	2.1　智能制造装备产业	2.1.1　智能测控装置
		2.1.2　智能装备关键基础零部件
		2.1.3　工业机器人与工作站
		2.1.4　智能加工装备
		2.1.5　智能物流装备
		2.1.6　智能农机装备
		2.1.7　增材制造(3D打印)
	2.2　航空产业	2.2.1　民用飞机(含直升机)
		2.2.2　航空发动机
		2.2.3　航空设备及系统
		2.2.4　航空材料
		2.2.5　航空运营及支持
		2.2.6　航空维修及技术服务
	2.3　卫星及应用产业	2.3.1　空间基础设施
		2.3.2　卫星通信应用系统
		2.3.3　卫星导航应用服务系统
		2.3.4　卫星遥感应用系统
		2.3.5　卫星技术综合应用系统
	2.4　轨道交通装备产业	2.4.1　高速铁路机车车辆及动车组
		2.4.2　城市轨道交通车辆
		2.4.3　轨道交通通信信号系统
		2.4.4　轨道交通工程机械及部件
		2.4.5　轨道交通专用设备、关键系统及部件
		2.4.6　轨道交通运营管理关键设备和系统

续上表

领　域	产　业	40个重点方向
2. 高端装备制造产业	2.5　海洋工程装备产业	2.5.1　海洋工程平台装备
		2.5.2　海洋工程关键配套设备和系统
		2.5.3　海洋工程装备服务
		2.5.4　海洋环境监测与探测装备
		2.5.5　海洋能相关系统与装备
		2.5.6　水下系统和作业装备
		2.5.7　海水养殖和海洋生物资源利用装备
3. 新材料产业	3.1　新型功能材料产业	3.1.1　新型金属功能材料
		3.1.2　新型功能陶瓷材料
		3.1.3　稀土功能材料
		3.1.4　高纯元素及化合物
		3.1.5　表面功能材料
		3.1.6　高品质新型有机活性材料
		3.1.7　新型膜材料
		3.1.8　功能玻璃和新型光学材料
		3.1.9　生态环境材料
		3.1.10　高品质合成橡胶
		3.1.11　高性能密封材料
		3.1.12　新型催化材料及助剂
		3.1.13　新型化学纤维及功能纺织材料
		3.1.14　其他功能材料
	3.2　先进结构材料产业	3.2.1　高品质特种钢铁材料
		3.2.2　高性能有色金属及合金材料
		3.2.3　新型结构陶瓷材料
		3.2.4　工程塑料及合成树脂
	3.3　高性能复合材料产业	3.3.1　高性能纤维及复合材料
		3.3.2　金属基复合材料和陶瓷基复合材料
4. 生物产业	4.1　生物医药产业	4.1.1　新型疫苗
		4.1.2　生物技术药物
		4.1.3　化学药品与原料药制造
		4.1.4　现代中药与民族药

续上表

领域	产业	40个重点方向
4. 生物产业	4. 1 生物医药产业	4. 1. 5 生物医药关键装备与原辅料
		4. 1. 6 生物医药服务
	4. 2 生物医学工程产业	4. 2. 1 医学影像设备及服务
		4. 2. 2 先进治疗设备及服务
		4. 2. 3 医用检查检验仪器及服务
		4. 2. 4 植介入生物医用材料及服务
	4. 3 生物农业产业	4. 3. 1 生物育种
		4. 3. 2 生物农药
		4. 3. 3 生物肥料
		4. 3. 4 生物饲料
		4. 3. 5 生物兽药、兽用生物制品疫苗
		4. 3. 6 生物食品
	4. 4 生物制造产业	4. 4. 1 生物基材料
		4. 4. 2 生物化工产品
		4. 4. 3 特殊发酵产品与生物过程装备
		4. 4. 4 海洋生物活性物质及生物制品
	4. 5 生物质能产业	4. 5. 1 原料供应体系
		4. 5. 2 生物质发电
		4. 5. 3 生物天然气
		4. 5. 4 生物质液体燃料
		4. 5. 5 生物质能技术服务
5. 新能源汽车产业	5. 1 新能源汽车产品	5. 1. 1 新能源汽车整车
		5. 1. 2 电机及其控制系统
		5. 1. 3 新能源汽车电附件
		5. 1. 4 插电式混合动力专用发动机
		5. 1. 5 机电耦合系统及能量回收系统
		5. 1. 6 燃料电池系统及核心零部件
	5. 2 充电、换电及加氢设施	5. 2. 1 分布式交流充电桩
		5. 2. 2 集中式快速充电站
		5. 2. 3 换电设施
		5. 2. 4 站用加氢及储氢设施

续上表

领　域	产　业	40个重点方向
5. 新能源汽车产业	5. 3　生产测试设备	5. 3. 1　电池生产装备
		5. 3. 2　电机生产装备
		5. 3. 3　专用生产装备
		5. 3. 4　测试设备
6. 新能源产业	6. 1　核电技术产业	6. 1. 1　核电站技术设备
		6. 1. 2　核燃料加工设备制造
	6. 2　风能产业	6. 2. 1　风力发电机组
		6. 2. 2　风力发电机组零部件
		6. 2. 3　风电场相关系统与装备
		6. 2. 4　海上风电相关系统与装备
		6. 2. 5　风力发电技术服务
	6. 3　太阳能产业	6. 3. 1　太阳能产品
		6. 3. 2　太阳能生产装备
		6. 3. 3　太阳能发电技术服务
	6. 4　智能电网	
	6. 5　其他新能源产业	
7. 节能环保产业	7. 1　高效节能产业	7. 1. 1　高效节能锅炉窑炉
		7. 1. 2　电机及拖动设备
		7. 1. 3　余热余压余气利用
		7. 1. 4　高效储能、节能监测和能源计量
		7. 1. 5　高效节能电器
		7. 1. 6　高效照明产品及系统
		7. 1. 7　绿色建筑材料
		7. 1. 8　采矿及电力行业高效节能技术和装备
		7. 1. 9　信息节能技术与节能服务
	7. 2　先进环保产业	7. 2. 1　水污染防治装备
		7. 2. 2　大气污染防治装备
		7. 2. 3　土壤及场地等治理与修复装备
		7. 2. 4　固体废物处理处置装备
		7. 2. 5　减振降噪设备

续上表

领　域	产　业	40个重点方向
7. 节能环保产业	7. 2　先进环保产业	7. 2. 6　环境监测仪器与应急处理设备
		7. 2. 7　控制温室气体排放技术装备
		7. 2. 8　海洋水质与生态环境监测仪器设备
		7. 2. 9　其他环保产品
		7. 2. 10　智能水务
		7. 2. 11　大气环境污染防治服务
		7. 2. 12　水环境污染防治服务
		7. 2. 13　土壤环境污染防治服务
		7. 2. 14　农业面源和重金属污染防治技术服务
		7. 2. 15　其他环保服务
	7. 3　资源循环利用产业	7. 3. 1　矿产资源综合利用
		7. 3. 2　固体废物综合利用
		7. 3. 3　建筑废弃物和道路沥青资源化无害化利用
		7. 3. 4　餐厨废弃物资源化无害化利用
		7. 3. 5　汽车零部件及机电产品再制造
		7. 3. 6　资源再生利用
		7. 3. 7　非常规水源利用
		7. 3. 8　农林废物资源化无害化利用
		7. 3. 9　资源循环利用服务
8. 数字创意产业	8. 1　数字文化创意	8. 1. 1　数字文化创意技术装备
		8. 1. 2　数字文化创意软件
		8. 1. 3　数字文化创意内容制作
		8. 1. 4　新型媒体服务
		8. 1. 5　数字文化创意内容应用服务
	8. 2　设计服务	8. 2. 1　工业设计服务
		8. 2. 2　人居环境设计服务
		8. 2. 3　其他专业设计服务
	8. 3　数字创意与相关产业融合应用服务	

续上表

领　域	产　业	40个重点方向
9. 相关服务业	9. 1　研发服务	
	9. 2　知识产权服务	
	9. 3　检验检测服务	
	9. 4　标准化服务	
	9. 5　双创服务	
	9. 6　专业技术服务	
	9. 7　技术推广服务	
	9. 8　相关金融服务	

3. 产业发展新趋势

(1) 服务业将继续领跑三个产业成为我国经济增长的主动力

“十三五”我国将进入工业化后期阶段，重要特征就是第三产业增长速度明显超过第二产业和GDP增速。从需求看，随着国民从“生存型”消费向“发展和享受型”消费转变，城乡居民用于文化教育、娱乐休闲、旅游、医疗保健以及住房、出行等提高生活方便程度和生活质量，以非实物消费为主的服务消费支出所占比重越来越高，服务消费将取代食品成为最大消费支出项目。从供给看，随着信息技术的广泛应用和“互联网+”行动计划的实施以及国家出台的加快服务业发展的各类改革和政策措施的推动，服务业将成为今后一个时期国内社会资本和外资大规模进入的领域，服务业新技术、新模式、新业态不断涌现。

(2) 产业融合发展态势将更加明显

一是制造业与服务业融合发展趋势加快，服务在制造企业经营活动中的地位不断提升，企业利润越来越多地源自加工制造之外的其他环节。据德勤公司研究报告《基于全球服务业和零件管理调研》表明，在其调查的80家著名制造企业中，服务收入占销售收入的平均值超过25%，有19%的制造业公司的服务收入超过总收入的50%。二是信息化和工业化融合发展不断加深，越来越多企业应用信息化技术，发展“互联网+制造业”，制造业技术范式正在发生深刻变革，从以机器化、标准化、规模化为主要特征的传统制造时代向以智能化、信息化、柔性化为主要特征的先进制造时代迈进。三是农村一、二、三产业融合发展程度将显著提升，种养结合型、链条延伸型、农业功能拓展型、技术渗透型等多种融合模式将呈现竞相发展格局。

(3) 绿色低碳化发展将成为产业追求的方向

面对日益尖锐的资源环境矛盾，高耗能、高污染的产业发展模式难以为继，能源资源约束强化逼迫我国产业更加注重绿色低碳循环发展。一是能源利用将向高效、绿色、安全模式转型，传统能源使用效率提高，新能源和可再生能源比重不断提升。二是节能环保产业将实现高速增长，成为国民经济的支柱产业。三是循环发展模式将得到更加广泛的普及，绿色、智慧技术加速扩散和应用，智能交通、智能建筑、智能电网、电动汽车等产业快速发展，绿色服务业加快兴起。

(六) 行业探索需注意的问题

1. 要结合经济社会与科技的发展趋势

由于经济社会和科学技术的飞速发展，会使某些行业如夕阳坠落，逐渐萎缩、消亡，更有许多极具发展前途的朝阳行业不断出现并发展起来。

2. 要注意国家政策的影响

对某一行业，要了解国家是扶持、鼓励还是限制、制约，尽量选择有前景、发展空间较大的行业。例如，我国近年来狠抓环境保护，推行可持续发展战略，保护生物多样性，在农业生产中控制着化学制品的使用，开发“绿色食品”等，使环境保护产业如初升朝阳，充满生机，导致环保设备生产、环保技术咨询等行业迅速发展，提供了大量就业岗位。而这时如果不了解情况，为了一时利益，盲目进入那些污染后果严重的行业谋职，必将给自己的职业生涯造成严重的不良后果。

3. 行业前景不等于职业前景

求职时，“趋热避冷”是很多求职者的思维定式。例如，银行业、IT 业等热门行业往往意味着高收入、高福利和长远的发展，而农林牧副渔业、传统制造业等行业却总给人收入低、工作枯燥的印象。因此在人才市场中，热门行业总是人满为患，冷门行业常常乏人问津。但是，择业不宜只盯着热门行业。首先，行业的冷与热是相对的，前几年互联网业曾红极一时，但互联网泡沫破灭时，下岗失业的人也不在少数。其次，热门行业中也有冷门职位，而冷门行业中也有热门职位。譬如，在 IT 行业，也有和计算机几乎没有必然联系的岗位，如行政管理、人力资源等；同样，在非 IT 行业，也需要大量 IT 人才进行系统的开发、设计和维护。懂得避开热门行业中的冷门职位，或善于发现冷门行业中有潜力的、成长性的职位，才是明智之举。

三、生涯案例

小郑，男，上海人，国际航运业务管理专业毕业，有过半年货运公司物流操作和半年保险公司保险代理工作经验，目前失业，对自己的职业前途表示迷茫。

职业指导人员通过了解得知，小郑有过两段求职经历：一是学校推荐的实习岗位，做单证员，实际上就是打打单证，跑跑腿，做了不到一年；二是做保险代理工作，因为业绩一般，单位也没有缴纳保险金，所以做了半年就不做了。简短沟通后，职业指导人员表示对他目前的状况理解(共情)，还谈了自己作为国际商务专业毕业生当年找工作的经历(自我暴露)，很快拉近了与小郑的距离，赢得了他的信任。在此基础上鼓励小郑重拾求职信心，只要学会求职的方法，就能拨开云雾，找准职业方向，并引导他对职业定位进行思考，通过交流，帮助他更为客观地进行职业选择。

【案例分析】

第一，行业分析。宏观方面，一方面国际经济低迷对全球货运物流业有较大的冲击；另一方面上海将被建成国际航运中心，到时需要较多理论和实践兼备的航运人才。所以长期看，一旦经济转好，航运专业的毕业生择业有一定的专业优势。微观方面，受经济形势影响，上海航运物流业受到较大冲击，很多相关单位都有减员缩编意向，相关从业人员都受到很大影响；另外，航运物流业应充分考虑工作路程、薪资待遇等实际问题。

第二，个体分析。从小郑的前两份工作来看，他的职业定位还不明确，所以工作积累方面没有连贯性，而且毕业两年也未参加任何培训，核心竞争力不明显。

【案例指导】

建议小郑先就业再择业。短期内选择就业，中长期还是向专业方向发展。而短期一到两年内先解决生存问题，并利用工作空余时间，参加货运相关职业资格和英语培训，提高自身竞争力，等机会成熟再转入航运方向。

四、生涯活动坊

(1) 调查对象：与专业相关或感兴趣的行业调查。

（2）调查方式（信息来源）：通过网络、图书馆资料查询、收集校园招聘信息、访谈等方式，以团队为单位对行业进行调查。

（3）调查内容：按照行业探索主要内容的五个方面进行调查，形成简要调查结果，并填写表 2-1-3。

行业调查表　　表 2-1-3

行业描述	行业名称	
	行业定义	
	行业细分领域	
行业发展现状、前景趋势（不超过 100 字）	行业发展现状	
	前景趋势	
行业内标杆企业名称（1~2 家企业）		
行业人力资源需求状况		
从事行业需要具有的通用素质和从业资格证书		

第二节　探秘职业岗位

一、生涯指引

俞敏洪，男，1962 年生，江苏江阴人，北京大学西语系毕业，毕业后留校任外语系教师，1993 年创办北京新东方学校，2003 年成立新东方教育科技集团。他在一次分享中提到，职业世界一般有两种资格，“硬资格”和“软资格”。“硬资格”就是你拿到的各种各样的学位文凭证书。“软资格”是真正的能力，是在一生的奋斗中，不断积累的人生经验、智慧和学识。一个人真的有能力，就一定能让别人看到。人们能从你的眼神、动作、谈吐，从你做每件小事的状态中，判断出你到底有没有能力。

新东方拒绝过很多哈佛大学的毕业生，因为很多人虽然有这样的“硬资格”，却没有相应的“软资格”，或是没有工作经验，或是对中国的教育和教学没有正确的看法，又或是没有做事需要的正确心态。

俞敏洪也分享过一次面试经历，他谈到，曾经一个从清华大学 MBA 毕业的学生到新东方来应聘。面试的时候，我只问了他一个问题，我说："请在一秒钟之内告诉我，你最得心应手，能做且必然能做好的一件事情是什么。"

他想了一两分钟，最后告诉我："俞老师，我最擅长的是跟人交流。"

我说："你都两分钟没跟我说话了，还算是善于跟人交流?"

他说："MBA 就是综合管理，我的综合管理能力很强，我懂人力资源，也懂市场，还懂市场营销、公关、后勤行政物流，你让我干什么我就能干什么。"

我说："对不起，我不能用你，因为从你刚才的一番话中我就知道了，你什么都不能干。"

在我看来，当一个人说他什么都能干的时候，意味着他什么都不能干。其实，我真想听到的是这么一句话："俞老师，我能帮你打扫厕所。"我想，如果一个拿着如此好学位的人能心平气和地把一间厕所打扫干净，那是一件很了不起的事情，我还会给他晋升。先是两间，后是四间，当他把四间厕所都打扫得极其干净时，我一定会让他管理其他几个打扫厕所的人，他会成为新东方厕所卫生部部长。这就已经进入管理岗位了。等他把这些人都管理好了，我会把新东方整个后勤系统交给他，一路任命下去，他也许就是下一个总裁。

思考：通过这个案例，你有什么收获？如果你去新东方求职，你想应聘什么岗位，你知道这个岗位需要哪些能力和素质吗？

二、生涯知识

（一）职业岗位的内涵与特征

职业岗位也称职位，是指组织中在特定时间和空间内，由组织赋予特定的人员所应完成的任务、应承担的责任、应具有的权限的集合。它是构成组织基本的分工协作单位，是整个组织结构分工体系正常运作的保障，是为组织的目标和价值而存在的。尽管由于组织的性质、规模多种多样，职业岗位名称也可能千差万别，但根本不变的是职业岗位名称必须与其任务、职责相匹配。

职业岗位具有客观性、分类性、限定性、动态性四个主要特征。第一，岗位的存在具有客观性。岗位的存在不取决于岗位上的任职者，而是取决于组织的需要。岗位的特征表现在其组织内明确的目的和应负的责任上，任职者的特征表现在其工作风格、方法和行为上。岗位不随任职者走，任职者变换，岗位的根本特征却不变。第二，岗位的管理具有分类性。根据岗位工作性质、责任轻重、繁简难易及任职者资格条件等因素的不同，可以将岗位划分为不同的类别和职级，以便于分层、分类管理。第三，岗位的数量具有限定性。一个组织的任务总是有限的，岗位的数量也是有限的，因此，设置的岗位数量不是越多越好。第四，岗位的内涵具有动态性。每个岗位都有明确的工作任务、相应的工作量和相对稳定的职责要求。但是，随着组织战略和结构的变化，岗位也可能会发生变化。岗位的动态性与岗位的明确性和稳定性并不是矛盾的，因为要避免组织重叠和资源浪费，必须清楚地界定岗位责任。

（二）职业岗位的分类

通常根据岗位工作性质、职责轻重、工作难易、工作量轻重及任职者资格条件等因素人们将职业岗位划分为不同的类别和职级。

我国第一部《中华人民共和国职业分类大典》颁布于1999年。近年来，由于经济社会的不断发展，我国社会职业构成发生了很大变化。为适应发展需要，2015年，人力资源和社会保障部和国家质检总局、国家统计局颁布了修订版《中华人民共和国职业分类大典》。修订后的职业分类结构为8个大类、75个中类、434个小类、1481个职业。第一大类名称为“党的机关、国家机关、群众团体和社会组织、企事业单位负责人”，第二大类名称为“专业技术人员”，第三大类名称为“办事人员和有关人员”，第四大类名称为“社会生产服务和生活服务人员”，第五大类名称为“农、林、牧、渔业生产及辅助人员”，第六大类名称为“生产制造及有关人员”，第七大类名称为“军人”，第八大类名称为“不便分类的其他从业人员”。

同一个职业类别里通常可以划分为员级、助级、中级、副高级、高级等不同职级。如实验员、助理实验师、实验师、高级实验师；医士、医师、主治医师、副主任医师、主任医师；技术员、助理工程师、工程师、高级工程师、正高级工程师。表2-2-1为2015年版《中华人民共和国职业分类大典》中的职业分类表。

2015 年版《中华人民共和国职业分类大典》中的职业分类表

表 2-2-1

大　类	中　类	小类	职 业 描 述	职业岗位(职级)举例说明
1. 党的机关、国家机关、群众团体和社会组织、企事业单位负责人	1-01　中国共产党机关负责人	略	在中国共产党机关，国家机关，民主党派和工商联，人民团体和群众团体、社会组织及其他工作机构，基层群众自治组织，企业、事业单位中担任领导职务并具有决策、管理权的人员	中国共产党机关负责人：常委、委员、部长、局长、处长等。 国家机关负责人：正副总理、部长、局长、处长等。 民主党派和工商联负责人：主席、副主席、主委、副主委、局长、处长、科长等。 基础群众自治组织负责人：居委会、村委会主任、副主任等。 企事业单位负责人：董事长、董事、监事长、监事、经理、事业部主任、车间主任、科室负责人、部门主管等
	1-02　国家机关负责人			
	1-03　民主党派和工商联负责人			
	1-04　人民团体和群众团体、社会组织及其他成员组织负责人			
	1-05　基层群众自治组织负责人			
	1-06　企事业单位负责人			
2. 专业技术人员	2-01　科学研究人员	略	从事科学研究和专业技术工作的人员	科学研究人员：研究员、副研究员、助理研究员、研究实习员。 工程技术人员：教授级高级工程师、副教授级高级工程师、工程师、助理工程师、技术员。 卫生专业技术人员：主任医师、副主任医师、主治医师、医师、医士。 经济计划人员：高级经济师、经济师、助理经济师、经济员。 统计人员：高级统计师、统计师、助理统计师、统计员。 财会人员：高级会计师、会计师、助理会计师、会计员。 海关检查人员：高级关务监督、关务监督、助理关务监督、监督员
	2-02　工程技术人员			
	2-03　农业技术人员			
	2-04　飞机和船舶技术人员			
	2-05　卫生专业技术人员			
	2-06　经济和金融专业人员			
	2-07　法律、社会和宗教专业人员			
	2-08　教学人员			
	2-09　文学艺术、体育专业人员			
	2-10　新闻出版、文化专业人员			
	2-99　其他专业技术人员			

续上表

大　类	中　类	小类	职业描述	职业岗位(职级)举例说明
3. 办事人员和有关人员	3-01　办事人员	略	在公共管理和社会组织机构中，从事行政业务、行政事务、行政执法和仲裁、安全保卫、消防和应急救援等工作的人员	办公室主任、副主任；秘书，助理；警卫人员、保安人员等
	3-02　安全保卫和消防人员			
	3-99　其他办事人员和有关人员			
4. 社会生产服务和生活服务人员	4-01　批发与零售服务人员	略	从事商品批发零售、交通运输、仓储、邮政和快递、住宿和餐饮、信息传输、软件和信息技术以及金融、房地产、租赁和商务、技术辅助、生态保护、文化、体育和娱乐等社会生产服务与生活服务工作的人员	批发与零售服务人员：营业员、售货员、收银员、采购员和供销人员等。 交通运输服务人员：调度员、客运员、检票员、售票员等
	4-02　交通运输、仓储和邮政业服务人员			
	4-03　住宿和餐饮服务人员			
	4-04　信息传输、软件和信息技术服务人员			
	4-05　金融服务人员			
	4-06　房地产服务人员			
	4-07　租赁和商务服务人员			
	4-08　技术辅助服务人员			
	4-09　水利、环境和公共设施管理服务人员			
	4-10　居民服务人员			
	4-11　电力、燃气及水供应服务人员			
	4-12　修理及制作服务人员			

续上表

大　　类	中　　类	小类	职 业 描 述	职业岗位(职级)举例说明
4. 社会生产服务和生活服务人员	4-13　文化、体育和娱乐服务人员	略	从事商品批发零售、交通运输、仓储、邮政和快递、住宿和餐饮、信息传输、软件和信息技术以及金融、房地产、租赁和商务、技术辅助、生态保护、文化、体育和娱乐等社会生产服务与生活服务工作的人员	批发与零售服务人员：营业员、售货员、收银员、采购员和供销人员等。 交通运输服务人员：调度员、客运员、检票员、售票员等
	4-14　健康服务人员			
	4-99　其他社会生产和生活服务人员			
5. 农、林、牧、渔业生产及辅助人员	5-01　农业生产人员	略	从事农、林、畜、渔业生产活动及辅助生产的人员	农业生产人员：粮农、棉农、菜农、果农、茶农等。 林业生产人员：苗圃和园林人员，营林、造林人员等
	5-02　林业生产人员			
	5-03　畜牧业生产人员			
	5-04　渔业生产人员			
	5-05　农、林、牧、渔业生产辅助人员			
	5-99　其他农、林、牧、渔业生产及辅助人员			
6. 生产制造及有关人员	6-01　农副产品加工人员	略	从事产品生产及设备制造、矿产开采、工程施工和运输设备操作的人员及有关人员	精密仪器制造工；安装工、修理工、装配工和有关人员；建筑队、工程队、装修队等的包工头；运输设备操作工(驾驶员、司机)等
	6-02　食品、饮料生产加工人员			
	6-03　烟草及其制品加工人员			
	6-04　纺织、针织、印染人员			
	6-05　纺织品、服装和皮革、毛皮制品加工制作人员			

续上表

大类	中类	小类	职业描述	职业岗位(职级)举例说明
6. 生产制造及有关人员	6-06 木材加工、家具与木制品制作人员	略	从事产品生产及设备制造、矿产开采、工程施工和运输设备操作的人员及有关人员	精密仪器制造工;安装工、修理工、装配工和有关人员;建筑队、工程队、装修队等的包工头;运输设备操作工(驾驶员、司机)等
	6-07 纸及纸制品生产加工人员			
	6-08 印刷和记录媒介复制人员			
	6-09 文教、工美、体育和娱乐用品制作人员			
	6-10 石油加工和炼焦、煤化工生产人员			
	6-11 化学原料和化学制品制造人员			
	6-12 医药制造人员			
	6-13 化学纤维制造人员			
	6-14 橡胶和塑料制品制造人员			
	6-15 非金属矿物制品制造人员			
	6-16 采矿人员			
	6-17 金属冶炼和压延加工人员			
	6-18 机械制造基础加工人员			
	6-19 金属制品制造人员			
	6-20 通用设备制造人员			
	6-21 专用设备制造人员			
	6-22 汽车制造人员			

续上表

大　　类	中　　类	小类	职 业 描 述	职业岗位(职级)举例说明
6. 生产制造及有关人员	6-23　铁路、船舶、航空设备制造人员	略	从事产品生产及设备制造、矿产开采、工程施工和运输设备操作的人员及有关人员	精密仪器制造工；安装工、修理工、装配工和有关人员；建筑队、工程队、装修队等的包工头；运输设备操作工(驾驶员、司机)等
	6-24　电气机械和器材制造人员			
	6-25　计算机通信和其他电子设备制造人员			
	6-26　仪器仪表制造人员			
	6-27　废弃资源综合利用人员			
	6-28　电力、热力、气体、水生产和输配人员			
	6-29　建筑施工人员			
	6-30　运输设备和通用工程机械操作人员及有关人员			
	6-31　生产辅助人员			
	6-99　其他生产制造及有关人员			
7. 军人	7-00　军人	略	军人	师长、团营长、连排长、班长等
8. 不便分类的其他从业人员	8-00　不便分类的其他从业人员	略	不便分类的其他从业人员	自由职业者，打零工而职业类型不稳定者等

（三）职业关键要素

每一种职业都有自身的特点，不同的职业对人的要求也不同。在做职业生涯规划时必须充分了解职业相关要素，在做职业决策时才能有的放矢，找到自己的职业目标。这里我们重点考察一下职业要素。

1. 职业胜任力

胜任力(Competence)一词来自拉丁语(Competere)，意思是适当的。国内通常译作素质、胜任力等。1958 年，美国哈佛大学教授戴维·麦克莱兰(David C. McClland)主编的《才能与社会：人才识别的新角度》一书中阐述了具有某些个性特征的人与其所表现出的工作取向以及工作绩效之间的相关性问题。戴维·麦克莱兰(David C. McClland)首次提出的“胜任力”是指能将某一工作中有卓越成就者与普通者区分开来的个人的深层次特征，它可以是价值观、态度、自我形象、个性、特质、某领域知识或技能等任何可以被测量或计数的并且能显著区分优秀与一般绩效的个体特征。这被认为是现代意义上“胜任力”研究的开端。但有的学者从更广泛的角度定义“胜任力”，认为“胜任力”包括职业、行为和战略综合三个维度。不同的学者对“胜任力”概念有着不同的看法。归纳学者们的观点，可将胜任力定义为：在特定工作岗位、组织环境和文化氛围中取得最优绩效者所具备的内在的稳定特征。

职业胜任力是组织考察求职者的重要标准。由于岗位责任不尽相同，因而对求职者的胜任力要求也会有所差异。一般认为，职业胜任力的要素包括职业态度、专业知识、综合能力、职业技能、职业经验。如企业人力资源专员需要有从事人力资源工作 2 年以上工作经历，具有初级人力资源管理师证，有较强的沟通能力，能够从事招聘、培训、薪酬、绩效等工作。

职业态度包括工作取向、选择方法、独立决策能力与选择过程的观念。专业知识指从事某一职业必须掌握的基本知识。知识要求可采用精通、通晓、掌握、具有、懂得、了解六级表示法。综合能力指对所掌握的各种知识和信息进行综合考察、整理分析、取舍重组和科学抽象能力。职业技能指具体完成某项任务所需运用专业技术的能力。一般是明确从事某岗位所应具备的相关工具、技术和方法运用的熟练程度与精通程度等。职业经验指胜任某一职业所具有的实际工作经验、感知判断力和领悟力等。一般用年限来表示，如有某岗位 3～5

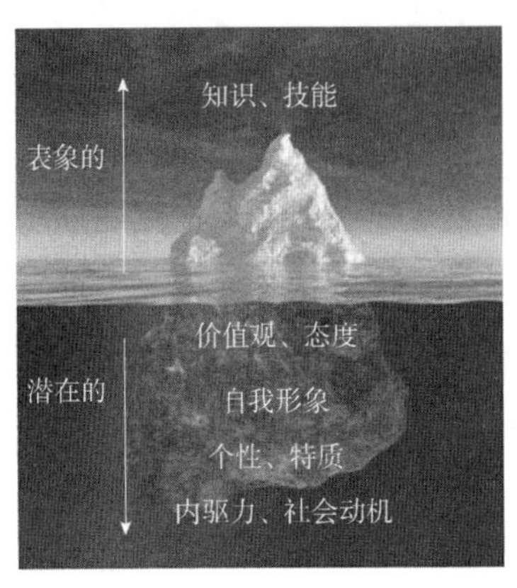

图 2-2-1　冰山模型

年工作经验。

职业胜任力的特点一般用"冰山模型"来说明。"冰山模型"将人的职业胜任力比喻成漂浮在水面上的冰山，这座冰山由"知识、技能"等水面以上的部分和水面以下的"价值观、态度、自我形象、个性、特质"等构成(图 2-2-1)。"知识、技能"等水面以上的因素，可见、外显并且容易衡量。但对于职业胜任力评价更为重要的是隐藏在水面以下且所占比例更大的因素，然而他们具有内隐性，不易测量。

2. 职业的工作环境

工作环境会直接影响员工的满意度。有些职业工作环境非常舒适、清洁，有些职业环境非常差，如有噪声、辐射，工作时间长，经常出差等。英国一项新研究称，一个人的谋生手段可能会影响他的死因。英国科学家花费 10 年时间对 160 万人的死因进行分析后发现，油漆匠、砌砖工和屋顶工死于滥用毒品的平均概率是正常人的 2 倍，与此同时，商船海员、厨师和酒吧员工因酒类原因而死亡的风险比一般人高。而裁缝和理发师死于艾滋病的风险是一般人的 9 倍。

3. 职业的工作责任

职业责任考验着员工的心理承受能力。有些职业需要承担更大的责任，如警察、会计等；有些职业比较轻松、快乐，如接待员、解说员等。

4. 职业的福利报酬

职业为个人生存提供物质保证。因此，个人在选择职业时需要考虑职业的福利报酬。人力资源的价值在一定程度上可以通过物质报酬来体现。所以，在职场上竞争力越强的人才能够获得更高报酬。

5. 职业路径

职业路径是指个人在组织中的晋升路线。职业路径在组织环境中通常表现在管理型、专业型和技术型工作上，各种类型的工作都有其职业晋升路线。

下面以一家大型跨国公司的人力资源领域的一条典型的晋升路线为例进行说明(表 2-2-2)。很明显，一个人想在该公司的人力资源管理领域走得比较远，他

就必须做好在不同的地区调动的准备，这一点在组织内部的其他职业领域也是一样的。

典型的人力资源管理发展路线　　表 2-2-2

				人力资源副总裁
			公司人力资源主管	
		公司人力资源经理	分部人力资源主管	
		分部人力资源主管助理		
	地区人力资源经理	工厂人力资源经理		
	分厂人力资源经理助理			
地区人力资源助理	人力资源主管			
人力资源助理				

在国内企业人力资源部门的员工的职业路径大致如下：

助理——→专员——→人力资源主管——→人力资源部经理——→人力资源总监——→公司总经理。

了解职业通道有利于明确自己未来的发展空间，帮助自己建立生涯发展蓝图，为职业生涯规划做好充分的准备。

这里需要特别提醒，职业路径是组织的理性设计，为员工成长提供了行动指南，但也有个别特殊情况，实现越级式发展或者跨部门工作，应该说每个人的职业路径都是特殊的。一个人根据自己的情况来设计符合自身成长的职业路径是非常必要，而且是必需的。

备注：职业关键因素信息可以在企业工作分析文件或者岗位说明书中查询。表 2-2-3 即为某公司办公室主任工作分析文件。

某公司办公室主任工作分析文件　　表 2-2-3

工作名称	办公室主任	工作编号	D005	工资等级	4 等
职位数	1	所属职组	行政管理	所属部门	办公室
管辖人数	办事员 3~5 人	直接上级	总经理	升迁职位	副总经理
工作分析员		批准人		分析日期	
工作概述	在公司总经理的直接领导下，协调各部门关系，综合管理公司的行政事务及监督办公室人员的各项工作。				

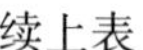
续上表

<table>
<tr><td>工作职责</td><td colspan="4">①协助总经理协调公司各部门各科室的关系；
②综合处理公司的各种文件及资料；
③拟定公司的发展规划和规章制度；
④制作和核发员工的各种证件(如工作证、工号牌)；
⑤处理公司的突发事件及员工争议事件；
⑥策划和开展公司外部的公共关系；
⑦领导和监督办公室人员的各项工作；
⑧总经理交办的其他工作任务</td></tr>
<tr><td>工作设备</td><td colspan="4">电话机、传真机、计算器、复印机、计算机</td></tr>
<tr><td rowspan="2">工作条件</td><td>工作场所</td><td>室内 80%，室外 20%</td><td>工作时间</td><td>白天 8 小时，偶尔需加班</td></tr>
<tr><td>工作环境</td><td>较为舒适</td><td>工作危险性</td><td>1</td></tr>
<tr><td>工作资格</td><td colspan="4">①学历。本科毕业，行政管理，企业管理或相关专业。
②知识。行政管理学、领导与决策学、公共关系学、经济学和法律学知识等。
③经历。3 年以上实际管理工作经验(行政管理、总务管理、人事管理等)。
④能力。协调能力、计划能力、沟通能力、决策能力、激励能力、指导能力、表达能力。
⑤个性。责任心、忍耐性、主动性。
⑥体能。工作姿态(坐 60%、走动 25%、站立 15%)，承受一定的压力，在较为紧张的环境中工作</td></tr>
</table>

人事助理的岗位说明书

岗位名称：人事助理　　所属部门：人力资源管理　　直属上级：部门主管

管理幅度：0 人　　薪资：2000 元　　岗位代码：11-17

岗位综述

专业从事人力资源管理工作，负责范围是雇员的招募和遴选、测试、定位、转岗以及雇员人力资源档案的管理。负责处理公平就业机会，积极处理特定的任务和计划、雇员培训或雇员定级与薪资等事务。在工作中接受一般性的监督。

基本职能

1. 负责草拟、发布招聘广告。

2. 安排并进行面试以确定应聘者是否符合录用标准。其中包括审核申请表和建立筛选合格人选。

3. 入职考试的监督管理。负责建立和完善考试手段和程序。

4. 向新雇员告知入职手续。准备和审核入职手续的材料和程序。

5. 协调分公司工作岗位招聘的发布和雇员转岗事务。建立岗位发布的程序。负责审核转岗申请，安排转岗面试，决定转岗的生效日期等。

6. 就人力资源相关事宜与分公司经理保持日常工作联系，包括招聘要求、试用期雇员的留用或解约、正式雇员的纪律考核以及解聘等。

7. 通过公告栏、会议、备忘录以及日常接触，向所有雇员和经理发布新的或经过修订的人力资源政策及程序。

8. 完成人力资源经理交办的相关任务。

岗位要求

1. 四年制大学本科毕业，主修专业为人力资源管理、工商管理或产业心理学；或者具有与之相当的经验、学历或培训经历。

2. 对雇员的遴选和人员的安排具有丰富的知识。

3. 具有良好的书面和口头表达能力。

4. 具有独立计划和安排工作的能力。

5. 熟练掌握与人力资源相关的计算机应用。

（四）职业探索

许多人一开始并不清楚自己喜欢什么样的职业，可能在童年时期曾经幻想过做一个什么样的人，未来从事什么样的工作。但是职业生涯规划需要更加准确的数据和事实来证明你选择的职业是科学的，符合自己的兴趣。因此，对职业进行探索，弄清楚职业是什么，职业环境的具体情况，这样才能为科学决策提供强有力的证据支撑。

1. 职业分类测试法

在繁杂的工作世界中挑出相关、有用的信息，是一项困难的工作。学生在自己的脑海中都有自己幻想的理想职业，但是这些职业是否符合自己的兴趣，符合自己的能力还不是很清晰。这里我们介绍几种专业的量表，帮助学生梳理职业类别，首先找到自己的职业类别。

（1）霍兰德的职业环境分类

霍兰德把职业环境分为六大类型，学生可以通过霍兰德兴趣测试量表测试找到符合自己的职业类别。包括：现实型、研究型、艺术型、社会型、企业型、常规型。

(2) MBTI 的职业环境分类

目前，全世界应用最广泛的性格测试表是 MBTI(Myers–Briggs Type Indicator，英文缩写为 MBTI)。在全球 500 强的企业里有 80%以上的高层管理者、高级人事主管在使用这个工具，每年约有 250 万人次接受 MBTI 测试。它的应用领域包括：自我了解和发展、职业发展和规划、组织发展、团队建设、管理和领导能力培训、解决问题能力、情感问题咨询、教育和学校科目的发展、多样性和多元文化性培训、学术咨询。

(3) 工作世界地图

普里蒂奇(Prediger，1993)在霍兰德六边形模型的基础上做了一些调整，增加了人—事物、资料—概念两个维度。人—事物维度分别表示与人相关的工作，例如为人们提供服务、帮助他们等；与具体物体相关的工作，例如机械、生物、材料等。资料—概念维度分别表示与具体事实、数字、计算等打交道的工作和用理论、文字、音乐等新方式表示或运作的工作(图 2-2-2)。

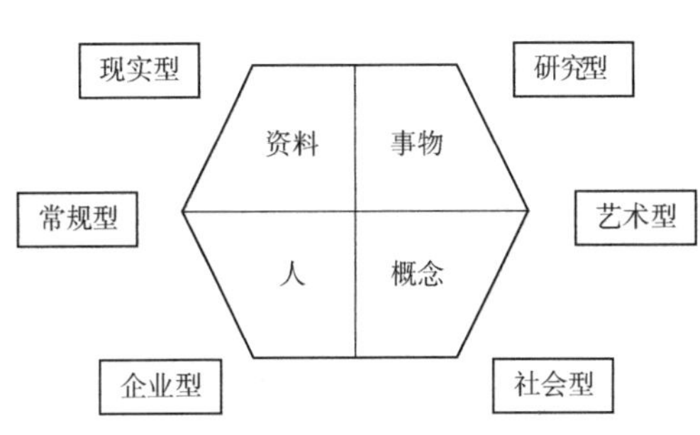

图 2-2-2　职业分类图的潜在二元向度模式图

美国大学考试中心(ACT)在兴趣的两维基础上，将职业群体的具体位置标定在坐标图上，从而得到工作世界图(图 2-2-3)。

该图共分 12 个区域，几乎覆盖了美国所有的工作。尽管每个工作系列中的工作都有它们自己不同的位置，但大多数都接近所给出的某一点。它通过共同特性来对 500 多种职业进行分类合并。学生可将自己兴趣类型在该图中的位置，作为职业生涯规划的参考工具，用于评估个人的工作兴趣，让个人更清晰自己感兴趣的职业领域。

一个工作系列的位置是基于其首要的工作任务。总共有 4 种首要的工作任务：数据、观念、物和人。

数据(事实，记录，文件，数字，计算，商业过程，系统性程序)。数据性

任务是不与人直接打交道的任务，它通过人来促进商品/服务的消费(例如，通过组织传达事实、指示、产品等)。销售代理商、会计以及空中交通管制者的工作主要是与数据打交道。

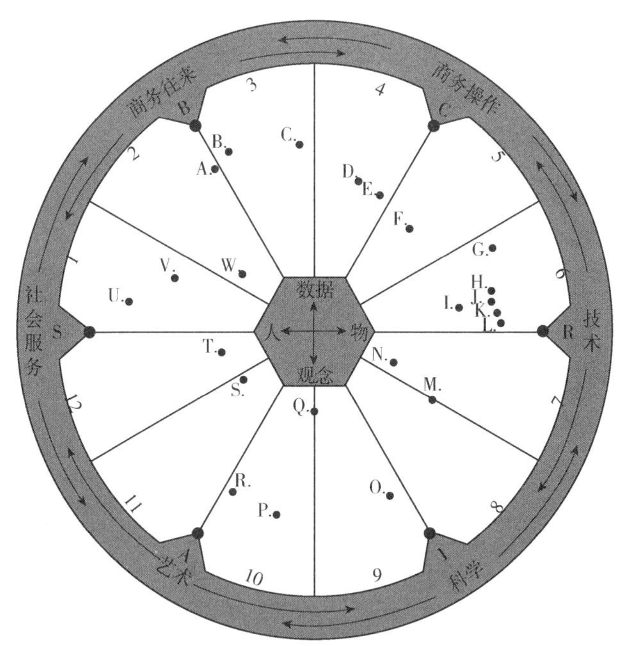

图 2-2-3　工作世界图

观念(抽象概念，理论，知识，觉察，洞察力，以新的方式表达或做事情，例如，用文字、方程式或音乐)。观念性任务是个人头脑中的工作，如创造、发现、解释和综合抽象概念或抽象概念的应用。科学家、音乐家和哲学家的工作主要是与观念打交道。

物(机器，工具，生物，材料，如食物、木头或金属)。物的任务是与人无关的任务，如制造、运输、维修和修理。砖匠、农夫和机械工的工作主要是与物打交道。

人(帮助、照顾人们，为他们服务，提供信息，或卖东西给他们)。人的任务是人际间的任务，如看护、教育、服务、娱乐、说服或领导他人，总之，是要在人类行为中引起一些改变。教师、销售人员和言语治疗师的工作主要是与人打交道。

工作世界图共分六个工作类别，并按照一般的工作领域、工作系列和准备水平列出了大约500个职业。

第一类：商业交际工作类别

a 交易工作(市场与销售)类别(marketing and sales job family)

商店店员、送报员(牛奶等)、采买、推销员(房地产、保险业、股票经纪人)、农产品代理商、办公及医疗用品销售员。

b 经理及企划工作类别(management and planning job family)

商店、汽车旅馆、农产品之经销经理、办公室主管、买卖代理商、企业经理、休闲中心经理、医疗行政主管、都市计划者等。

第二类：商业操作工作类别

c 记录与通信(records and communications)

办公室、图书馆、银行及邮局职员、接待员、图书馆计算机编目员、秘书、法院书记、医疗档案记录员。

d 商业交易(financial transaction)

记账员、会计、超商收银员、银行出纳员、证券交割员、保险担保人、经济分析师。

e 仓储货运(storage and dispatching)

海运报关员、邮差、快递员、货物代理商、行管人员。

f 商业机械/计算机操作(business machine/computer operation)

计算机终端机/打印机操作员、办公室设备操作员、打字员、文书处理设备操作员、统计职员。

第三类：技术工作类别

g 交通工具操作维修(vehicle operation and repair)

载货汽车、出租车驾驶员，汽车、飞机维修技师，堆高机操作员，商业海运船长，飞行员。

h 建筑及维护(construction and maintenance)

木匠、电力工程人员、油漆匠、警卫、贴砖师傅、铺路工人、起重机操作员、建筑监工。

i 农业及自然资源(agriculture and natural resources)

农民，养殖业、畜牧业、景观设计、植物病虫害防治人员，宠物店员。

j 工艺及相关服务(crafts and related services)

厨师、屠夫、面包师傅、鞋匠、调音师、裁缝师、珠宝师傅。

k 家庭/商业设备维修(home/business equipment repair)

电视、家庭用具、打字机、电话、暖气系统、复印机维修员。

l 工业设备操作及维修(industrial equipment operation and repair)

机械工、印刷工、缝纫工、编织工、工业机械维修人员，工厂、矿坑劳工，机械操作人员、消防队员。

第四类：科学工作类别

m 工程及其他应用科技(engineering and other applied technology)

不同领域工程师，生物、化学实验室的技术人员，程序设计师、计算机技术人员、制图人员、调查人员、食品技术人员、科技展示人员。

n 医疗专业及科技(medical specialties and technologies)

牙医助理、计算机断层扫描及心电仪操作员、验光师、义肢技术人员、X 光操作员、牙医、药剂师、兽医。

o 自然科学与数学(natural sciences and mathematics)

农业经济学家、生物学家、化学家、生态学家、园艺学家、数学家、地理学家、地质学家。

p 社会科学(social sciences)

市场研究分析家、人类学家、经济学家、政治科学家、心理学家、社会学家。

第五类：艺术工作类别

q 应用艺术、视觉(applied arts、visual)

花艺设计、商品展示、商业艺术工作者、流行设计师、摄影师、室内设计师、建筑师、景观设计师。

r 创意表演艺术(creative performing arts)

演艺人员、舞者、音乐家、歌者、作曲家、作家、艺术、音乐教师。

s 应用艺术、说及写(applied arts、written and spoken)

广告文案、法律助理、广告企划执行、翻译、记者、公关人员、律师、图书馆员、科技作家。

第六类：社会工作类别

t 一般医疗保健(general health care)

护理助理、卫生人员、实习护士、物理治疗助理、专业护士、营养师、专业心理治疗师、内科医生、语言病理学家。

u 教育及相关服务(education and related service)

教师助理、幼儿园教师、运动教练、大学教师、辅导/职业谘商者、中小学教师、特殊教育教师。

v 社会及政府服务(social and government service)

安全警卫、经纪人、警察、医疗、安全、食物检查人员、儿童福利工作者、家庭计划者、残障就业谘商员、看护员、社会工作者。

w 个人/顾客服务(personal/customer service)

超市(商场)包装员、侍者、空中乘务员、服务生、美容师、理发师、家庭管家。

由于以上职业分类并没有经过本土化的研究，所以学生在使用该图时还要根据具体情况进行比较和甄别。

2. 职业调查法

通过职业调查，让同学提前了解社会，了解企业文化、企业人力资源状况、企业用人标准，以及职业的发展前景、晋升通道等职业信息，从而更加深刻地理解职业的特点，帮助自己判断未来的职业选择，使同学的学习更加具有目的性和针对性，为大学毕业顺利就业、成功踏上职场奠定坚实的基础。

职业调查参照格式如下：

封　　面

大学生职业生涯规划

职业调查

(任务起止日期　　年　月　日～　月　日)

题　　目：关于对××××职业的探索报告

学生姓名：______________________

专　　业：______________________

年　　级：______________________

学　　号：______________________

团队名称：______________________

团队队长：______________________

要　　求

一、原则

坚持以自己所学专业为主，跨专业为辅的职业调查原则。

二、要求

1. 亲身实践相关岗位，获取第一手资料。

2. 通过网络、老师、朋友等方式间接收集资料。

3. 组成团队开展调查，体现团队协作精神。

4. 时间限制2个星期。

三、成果形式

1. 一份报告(3000~5000字)/团队。

2. 格式要求。

字体：宋体；字号：小四；间距：1.5倍。

正　　文

第一部分　专业调查

一、专业发展现状(国内外)

二、专业发展前景

三、专业核心知识课程

四、专业必须掌握的技能

第二部分　职业调查

一、专业未来从事的职业

二、职业前景分析

1. 职业任职条件(身体素质、性别、能力要求、学历、职业资格证书等)

2. 职业晋升空间

3. 职业回报(物质和精神)

三、职业工作特性

1. 工作地域

2. 工作时间

3. 工作环境(办公条件、人际关系)

4. 工作压力

第三部分　典型企业调查

一、企业基本概况

1. 企业名称、地点

2. 企业历史

3. 企业文化

4. 企业规模

5. 企业经营状况

6. 企业在行业排名情况

二、企业业务重点及成绩

三、企业人力资源状况

1. 企业用人理念

2. 企业选拔人才标准

3. 企业人才发展空间

4. 企业员工薪酬标准

第四部分　总　　结

一、收获体会

二、未来打算

3. 生涯人物访谈法

生涯人物访谈，是通过与一定数量的职场从业人士(通常是自己感兴趣的职业从业者)会谈而获取关于一个行业、职业和组织“内部”信息的一种职业探索活动。

(1) 生涯人物访谈流程

第一步，寻找目标职业人物

结合自己的兴趣、技能、价值观、教育背景和已掌握的职业知识列出未来可能从事的3~5个职业，然后在每个职业领域寻找3位以上的在职人士作为生涯人物。生涯人物可以是自己的亲人、老师和朋友，也可以是他们推荐的其他人，而更多的可能是借助行业协会或某个具体组织而寻找到的职场人士。

目标职业人物的职业应是自己向往的。拟定的访谈目标职业人物应该结构合理，既有初入职场的人士，也有工作了一定年限的中高层人士。正式访谈前，对目标职业人物的信息掌握得越全面越好，姓名、职务和联系方式是必需的，对于目标职业人物的讲话、文章或者大众传媒和单位网页上可以获得的信息要尽可能地收集和熟悉。

第二步，拟订访谈提纲

结合目标职业信息设计访谈问题，设计的访谈问题可以封闭式为主，既节约时间，又能得到需要的答案。访谈问题设计要尽量口语化、易懂。对目标职业人物的访谈内容可以围绕以下要点：行业、组织名称、职业、工作性质、工作主要内容、地点、时间、任职资格、市场前景、工作环境、工作强度、福利薪酬、工作感受、员工满意度等。

第三步，预约并实地访谈

预约方式有电话、QQ、微信、电子邮件和普通信件等。预约时首先介绍自己，然后说明找到他的途径、自己访谈目的、感兴趣的工作类型以及进行访谈所需要的时间(通常30分钟左右)，确认访谈的日期、时间和地点。

访谈方式可以是面谈、电话访谈、QQ访谈，最好是面谈。面谈前，采访者一般可以用已经从其他渠道了解的目标职业人物的好消息轻松打开话题。之后就可以按设计好的问题开始访谈了。遇到目标职业人物谈兴正浓时，采访者要乐于倾听，给目标职业人物留出提供其他信息的机会。访谈结束时，请目标职业人物再给自己推荐其他相关的生涯人物。这样就可以以滚雪球的方式拓展自己的职业认知领域。

实地访谈注意事项：联系前准备要充分、有礼貌、时间不宜太长，电话联系时还应备好纸和笔，以备临时电话采访。访谈前为自己准备个“30秒广告”，因为在访谈过程中目标职业人物可能会问采访者的职业兴趣和求职意向。面谈前，应征求目标职业人物的意见，视情况对谈话录音、记录等。面谈要守时、简洁，不浪费他人时间。访谈结束后1周内，要通过合适的方式致谢。

第四步，访谈结果分析

在一个职业领域访谈3个以上的目标职业人物后，就可以对照之前自己对该职业的认识进行比较，找出主观认识与现实之间的偏差，确定自己是否适合这一行业和职业，是否具备所需能力、知识与品质，进而详细制订大学期间的自我培养计划。如果访谈结果与自己之前的认识出现严重脱节，就有必要进入另一个职业领域开展新一轮生涯人物访谈。

（2）生涯人物访谈参考提纲

★ 您是如何找到这份工作的？

★ 就您的工作而言，您最喜欢什么？最不喜欢什么？

★ 您的职业岗位是什么？您的主要职责是什么？

★ 从事此行业的人主要做些什么？

★ 工作地点一般在哪里？

★ 在行业内，先从什么样的工作岗位做起，能学到最多的知识，最有益于发展？

★ 工作场所性质有哪些特征？

★ 在工作方面，您每天都做些什么？

★ 您的主要成就是什么？最成功的是什么？

★ 在这个职位上，如果想获得成功必须拥有并保持什么样的能力？

★ 在您的组织中，同样一个岗位上把成功和不成功区别开来的行为是什么？

★ 您认为做好这份工作应该具备哪些知识、技能和经验？

★ 目前，行业内要求从事这份工作的人应该具备什么样的教育和培训背景？

★ 您认为什么样的个人品质、性格和能力对做好这份工作来讲是重要的？

★ 这项工作需要的个人品质、性格和能力同其他工作要求的有什么不同吗？

★ 学校中的哪些课程对这个行业比较有帮助？

★ 行业内，组织对刚进入该领域工作的员工一般会提供哪些培训？

★ 在您的工作领域里初级职位和略高级别职位的薪水一般是什么水平？

★ 男女从业者在这份工作上机会均等吗？

★ 这个行业的人们，对于他们所从事的工作有什么满意与不满意之处？

★ 从事这份工作实现了您的人生价值吗？家庭对您现在的工作满意吗？

★ 这个行业的人才供求关系怎样？据您所知，从事这种工作的人在组织或者行业内发展的前景怎样？

★ 最近这个行业和工作因为科技进步、经济全球化发生变化了吗？

★ 您如何看待该组织的组织文化和该领域的工作方式在将来的变化趋势？

★ 这个行业是否有季节性或地理位置的限制？

★ 这个行业面临的困难及前景如何？

★ 据您所知，有什么职业杂志、行业网站或其他渠道能帮助我深入了解这个领域？

★ 您的熟人中有谁能够成为我下次访谈的对象吗？可以说是您介绍的吗？

(3) 生涯人物访谈展示——访重庆交通大学郭教授

问题 1：您是如何找到这份工作的？

郭教授：毕业之后由国家直接分配。从 1982 年在西安公路学院毕业后，获得工学学士学位后，我就一直在重庆交通大学工作了。

问题 2：这项工作需要的个人品质、性格和能力同别的工作要求的有什么不同吗？

郭教授：大学教师并没有什么特别的要求。关键在于个人是否能够严于律己，不满足现状，同时还要善于抓住机遇。

问题 3：您在做这份工作时，什么是最成功的，什么最有挑战性？

郭教授：谈不上什么是最成功吧，认真做好分内的工作就好了。挑战性嘛，有时候可能会觉得压力有些大，及时调整就好了。

问题 4：就您的工作而言，您最喜欢什么？最不喜欢什么？

郭教授：没有什么喜欢与不喜欢，既然是自己的工作，那就认真踏实地做好。

问题 5：从事这份工作实现了您的人生价值吗？家庭对您现在的工作满意吗？

郭教授：人生价值有不同的标准，我仍然感觉我还要为社会再多做一些事情才可以。家里很支持我的工作。

问题 6：您的熟人中有谁能够成为我下次采访的对象吗？可以说是您介绍的吗？

郭教授：不好意思，尽量自己去寻找，也算是一次不错的锻炼。

问题 7：您认为工作中最重要的事情是什么？

郭教授：恒心，细心，敢于突破自我。

问题 8：针对就业方面，您认为大学生在本科期间应该做好哪些准备？

郭教授：最重要的自然是学好专业知识，另外要广泛涉猎其他方面的知识。当然了，一定要多参加社会实践。现在的大学生很容易迷失自己，所以给自己树立一个目标是很重要的。

问题 9：对于初入职场的毕业生，您有什么好的建议？

郭教授：踏踏实实做好自己的工作，要善于学习。

问题 10：您认为大学生应该怎么正确对待就业与考研？

郭教授：这个要视个人而定。有的专业适合考研深造，有的专业则不需要浪费时间精力再读研究生了。另外一个就是要考虑到家庭的经济能力。有时候在工作一段时间之后再去考研，也不失为一个好办法。

问题 11：在平衡家庭与工作方面，您有什么心得？

郭教授：呵呵，我感觉我现在这样的生活很好，家庭和工作都不耽误。个人认为两者之间的平衡点需要在一些小摩擦中形成吧。等到你工作的时候就会明白了。

生涯人物访谈法比较真实客观，是能够比较深入了解职业的一种重要方法。大学生如何寻找生涯人物呢？首先是寻找已经毕业的师兄师姐，他们一般比较乐意帮助在校的学弟学妹职业成长。他们的信息也比较真实可靠。其次是寻找企业负责人了解。但是这些人一般情况下不接受访谈，也不能轻易找到。最有效的捷径就是参加学校举行的相关讲座，通过提问，或者会后单独咨询，或者留下联系方式，以后联系等方式进行了解。

三、生涯案例

小李，1994 年出生，性格温和，外貌俊朗，2016 年大专毕业(机械自动化专业)，毕业后在一家电子电器公司做产品销售员。2017 年 5 月由于公司转制进行人员重置，小李因业绩不佳被裁员。回顾前两年的工作，小李觉得自己虽然对产品的技术性能熟练掌握，但始终不适合做销售。听朋友说现在的会展行业发展空间很大，自己希望能在此行做出一些成就，决定非会展岗位不去。但找了 3 个月会展工作，用人单位不是要求相关经验，就是让他先干最底层的苦力活，因此总不成功。

【案例分析】

通过案例介绍可以得出，小李未能实现就业有三个原因：一是自我认识欠佳，自信心不足；二是职业定位模糊；三是对会展行业的岗位不了解，却执意寻找会展岗位。

【案例指导】

第一，建议开展自我评估，抓住契机建立自信心。小李在霍兰德职业倾向测评中属于“实际性(R 型)、调研型(I 型)”，回顾两年前的自己，再同两年后作对

比，小李认识到两年销售工作对他的锻炼，沟通能力已大有提升，开始正视自己的性格特点，认识并发挥自己的优势，弥补不足，增强自信。

第二，引导小李解析关联岗位能力要求，分析人职匹配度。会展行业岗位的入门门槛低，小公司需求量大，行业发展趋势好，但其普通岗位待遇不高，核心人才岗位(管理、运营)则对沟通能力要求高，设计类岗位对相关专业要求高，同时竞争对手多。建议其考虑可发挥自身特长、能够应用其理论基础，认知能力及与之性格特质相匹配的机械工程类岗位。

第三，引导小李进行科学的职业定位。建议小李跳出“牛角尖”，拓展新思路。可根据自身的优势及职业价值观考虑改变求职行业，最大限度地发挥自身的特长，以最大的匹配度，更快地达成自己在职业生涯中最重要的目标。

四、生涯活动坊

（一）岗位说明书

根据示例选择一个专业对口岗位或感兴趣的岗位进行调查，并自行制作一份岗位说明书，同时收集一份某单位该岗位说明书进行对比，看看究竟有何不同，有多大差别?

【示例介绍】

某大型企业制造工程师的岗位说明书

岗位名称：制造工程师

所属部门：技术部

直属上级：部门主管

管理幅度：0 人

薪资：3500 元左右

岗位代码：2-02

岗位综述：主要从事建立有效的制造过程与工艺环境，以确保产品高质量、低成本、安全的持续生产。致力于制造过程在质量、安全、成本、效率上的持续改进，持续提升现场制造工艺过程等工作。

基本职责：

1. 从事产品实现过程中的技术工艺保证及支持工作。

2. 组织和实施生产设备的预见性和预防性维修工作。

3. 持续改善生产流程和工艺，以提高生产率降低生产成本。

4. 设定加工工艺，维护和改进现有加工工艺及流程。

5. 完成作业指导书，根据需求对本部门或生产部门的员工提供技术培训及支持。

6. 负责对新生产加工设备及相关设施等进行安装、调试工作。

岗位要求：

1. 全日制四年大学本科毕业。

2. 主修专业为车辆工程、机械类、机械电子工程、工业工程、材料类等。

3. 言行举止符合公司价值观的要求，诚信行事，遵守公司的规范。

4. 具有较强的创新意识、分析能力、协调能力、问题解决能力及基本的报告撰写能力。

5. 熟练的计算机应用技能，熟练运用制图软件，熟悉人机工程，英语 CET4 级以上。

【示例分析】

每个职业岗位都有工作职责，职责背后对应的就是工作内容。在多大程度上了解工作内容，是衡量一个人对工作的熟悉和喜欢的重要标准。了解职业的工作内容，有利于了解完成工作内容背后的必要胜任力，这样就很容易找到目标和自身之间的差距，自身提高就有了目的性和针对性。

(二) 生涯人物访谈(参照格式)

封　　面

生涯人物访谈报告
专　　业：________________
年　　级：________________
团队名称：________________
团队队长：________________
团队成员：________________

任务要求

一、形式

以团队方式采访某一位人物(老师、职业人士、社会名人、父母、高年级学生等)。

二、目的

通过采访或者访谈，了解被采访者的生涯发展经历、行业背景等职业生涯规划所需信息，了解行业动态，学习其人生成长经验。

三、要求

1. 拟写采访提纲
2. 撰写采访报告
3. 报告中插入采访照片(团队照片和采访现场照片)
4. 时间限制2个星期

四、成果形式

一份报告(3000~5000字)/团队

生涯人物访谈报告(正文)

时间：

地点：

人物：×××

年龄　　　　性别　　　　行业　　　　职业

正文：

1. 人物简介
2. 访谈内容(采访谈话内容，问题—回答模式)
3. 总结分析(剖析该人物成功的原因或者失败的教训)
4. 生涯启发(对自身成长的价值)
5. 采访照片及说明
6. 团队成员分工(采访策划人、报告撰写人等)

时间：

第三节 揭开单位面纱

一、生涯指引

小李，重庆交通大学土木工程专业大四学生，学习成绩优秀，综合排名在本专业名列前茅。进入就业季之前，小李给自己很早就定下了求职目标——工程设计单位。用人单位入校招聘之后，小李发现来校招聘的设计院所很少，偶尔来招聘的设计院也是只招收研究生以上学历的毕业生，小李感觉很受伤。而小李的同学小张，定位与小李相差无几，在招聘季开始没多久就签了一家大型国有工程单位，小张在与小李的交流中告知他，原来这个企业里边也有自己的设计部门，小张虽然签的是工程单位，但一样从事的是设计类工作。小李知晓后后悔不已。

 **思考：**小李求职过程中哪些行为或认识是可以改进的，你有什么好的建议吗？

二、生涯知识

（一）单位分类

1. 政府机构

政府是以某种合法程序产生的权力机构，其职能是管理社会和提供公共服务。管理社会是指通过立法为全社会建立运行规则，同时为全社会成员提供更为普遍和基础的公共产品和公共服务，如基础建设、安全保障、教育环境、就业环境等。广义的政府是指国家立法机关、行政机关和司法机关等公共机关的总和，代表着社会公共权力，在我国包括各级党委、人大、政协、人民政府、法院和检察院。狭义的政府是指国家权力机关的执行机关，即人民政府。在我国，政府更重要的职能是制定社会、经济发展目标和规划，采取措施保障国民经济健康、有

效地运行，保障社会和谐、科学地发展。

2. 企业

法律对不同类别企业的具体需求，如设立的条件、设立的程序、内部组织机构等来组建企业。关于企业的种类，我国《公司法》《合资企业法》《中外合作经营企业法》《中外合资企业法》《外资企业法》《个人独资企业法》等法律及有关法规相关规定。

企业种类的确定一般有两个标准，即学理标准和法定标准。学理标准是研究企业和企业法的学者们根据企业的客观情况以及企业的法定标准对企业类型所做的理论上的解释与分类。这种分类没有法律上的约束力和强制性，但学理上的解释对企业法的制定与实施有着指导和参考作用。法定标准是根据企业法规定所确认和划分的企业类型。法定的企业种类具有法律的约束力和强制性。但因企业的类型不同，法律对不同种类企业规定的具体内容与程序上的要求也有很大区别。

企业法定分类的基本形态主要是独资企业、合伙企业和公司。法律对这三种企业划分的内涵基本作了概括，即企业的资本构成、企业的责任形式和企业在法律上的地位。从我国的立法实践来看，我们基本上按所有制形式安排企业立法，划分企业类型。随着社会主义市场经济体制的逐步建立，企业改革的进一步深化，我国也将把独资企业、合伙企业和公司作为我国企业的基本法定分类。我国已颁布《中华人民共和国公司法》《中华人民共和国合伙企业法》和《中华人民共和国独资企业法》。我国法定分类主要有：独资企业、合伙企业和公司。

此外，在我国还可以按照经济类型对企业进行分类。这是我国对企业进行法定分类的基本做法。根据宪法和有关法律规定，我国目前有国有经济、集体所有制经济、私营经济、联营经济、股份制经济、涉外经济(包括外商投资、中外合资及港、澳、台投资经济)等经济类型，相应的我国企业立法的模式也是按经济类型来安排，从而形成了按经济类型来确定企业法定种类的特殊情况。它们是：

(1) 国有企业

这是指企业的全部财产属于国家，由国家出资兴办的企业。国有企业的范围包括中央和地方各级国家机关、事业单位和社会团体使用国有资产投资所举办的企业，也包括实行企业化经营、国家不再核拨经费或核发部分经费的事业单位及从事生产经营性活动的社会团体，还包括上述企业、事业单位、社会团体使用国有资产投资所开办的企业。

行业典型单位如下：

★ 中国交通建设股份有限公司(以下简称“中国交建”)是世界最大的港口设计建设公司、世界最大的公路与桥梁设计建设公司、世界最大的疏浚公司、世界最大的集装箱起重机制造公司、世界最大的海上石油钻井平台设计公司；是中国最大的国际工程承包公司、中国最大的设计公司、中国最大的高速公路投资商，拥有中国最大的民用船队。中国交建有60多家全资、控股子公司，有作为中国诸多行业先行者的百年老店；有与中华人民共和国一同成长壮大的国企骨干；有在改革开放大潮中涌现的现代企业；有推动公司结构调整而成立的后起之秀；有并购而来的国内外先进企业。中国交建是全球领先的特大型基础设施综合服务商，主要从事交通基础设施的投资建设运营、装备制造、房地产及城市综合开发等，为客户提供投资融资、咨询规划、设计建造、管理运营一揽子解决方案和一体化服务。中国交建在香港、上海两地上市，公司盈利能力和价值创造能力在全球同行中处于领先地位。2017年，中国交建居《财富》“世界500强”第103位；在国务院国资委经营业绩考核中获“12连A”。中国交建从事相关业务已有100多年历史，产品和服务遍及150多个国家，通过几代员工的持续努力，建设了一大批代表世界、代表时代最高水平的交通基础设施，为客户提供了成熟完备的服务，形成了全球领先的技术体系，形成了“用心浇注您的满意”的服务文化。中国交建坚持以“让世界更畅通、让城市更宜居、让生活更美好”为愿景，秉承“固基修道、履方致远”的企业使命，坚守“交融天下、建者无疆”的企业精神，正在努力打造成为全球知名工程承包商、城市综合开发运营商、特色房地产商、基础设施综合投资商、海洋重工与港机装备制造集成商，率先建成世界一流企业。新的时期，中国交建将努力成为政府与经济社会发展急需的责任承担者、区域经济发展的深度参与者、政府购买公共服务的优质提供者。中国交建确立了“三步走”中长期发展目标：第一步，在“十三五”末，部分领域和核心业务率先达到世界一流企业水平；第二步，在“十四五”末，率先全面建成世界一流企业；第三步，在2035年左右，建立起全球产业链和全球化治理的体制机制，跨国指数超过50%，基本完成由一流跨国公司向一流全球公司的转型。

中国交建毕业生校园招聘工作于每年9月启动，根据工作安排，携所属二级单位组团赴重庆交通大学、兰州交通大学、重庆大学、东北大学、长沙理工大学、吉林大学、武汉理工大学、中南财经政法大学、大连理工大学、哈尔滨工业

大学、长安大学、河海大学、东南大学、北京交通大学、清华大学、同济大学、西南交通大学、西南财经大学等高校召开专场校园宣讲招聘会，2017 年首次采用招聘管理平台进行线上筛选简历，有求职意向的同学可以关注中国交建官网或以上高校就业网站信息发布，踊跃投递简历。

★ 中国中铁股份有限公司(以下简称“中国中铁”)是集勘察设计、施工安装、工业制造、房地产开发、资源矿产、金融投资和其他业务于一体的特大型企业集团，总部设在中国北京。作为全球最大的建筑工程承包商之一，中国中铁连续 12 年进入世界企业 500 强，2017 年在《财富》“世界 500 强”企业排名第 55 位，在中国企业 500 强中列第 8 位。中国中铁拥有一百多年的历史源流。1950 年 3 月为中国铁道部工程总局和设计总局，后变更为铁道部基本建设总局。1989 年 7 月，铁道部撤销基本建设总局，组建中国铁路工程总公司。2000 年 9 月，与铁道部实行政企分开，整体移交中央大型企业工作委员会管理。2003 年 5 月归属国务院国资委管理。2007 年 9 月 12 日，中国铁路工程总公司独家发起设立中国中铁股份有限公司，并于 2007 年 12 月 3 日和 12 月 7 日，分别在上海证券交易所和香港联合交易所上市。中国中铁具有中国国家住房与城乡建设部批准的铁路工程施工总承包特级资质、公路工程施工总承包一级资质、市政公用工程施工总承包一级资质以及桥梁工程、隧道工程、公路路基、路面工程专业承包一级资质，城市轨道交通工程专业承包资质，拥有中华人民共和国对外经济合作经营资格证书和进出口企业资格证书。中国中铁先后参与建设的铁路占中国铁路总里程的 2/3 以上；建成电气化铁路占中国电气化铁路的 90%；参与建设的高速公路约占中国高速公路总里程的 1/8；参与建设了中国 3/5 的城市轨道工程。中国中铁业务范围涵盖了几乎所有基本建设领域，包括铁路、公路、市政、房建、城市轨道交通、水利水电、机场、港口、码头等等，能够提供建筑业“纵向一体化”的一揽子交钥匙服务。此外，公司实施有限相关多元化战略，在勘察设计与咨询、工业设备和零部件制造、房地产开发、矿产资源开发、高速公路运营、金融等业务方面也取得了较好的发展。中国中铁在特大桥、深水桥、长大隧道、铁路电气化、桥梁钢结构、盾构及高速道岔的研发制造、试车场建设等方面，积累了丰富的经验，形成了独特的管理和技术优势。桥梁修建技术方面，有多项修建技术处于世界先进水平；隧道及城市地铁修建技术处于国内领先水平，部分技术达到世界先进水平；铁路电气化技术代表当前中国电气化最高水平。中国中铁机械装备领先，拥有国内数量最多的隧道掘进机械(盾构、TBM)、亚洲起重能力最大的吊装船、整套深海水上作业施工装备、国内数量最多的用于铁路建设的架桥机及铺轨机，以及国内数量最多的用于电气化铁路建设的架空接触线路施工设备。公司能够自行开发及制造具有国际先进水平的专用重工机械，同时公司是世界上能够独立生产 TBM 并具有知识产权的三大企业之一。中国中铁是国家科技部、国务院国资委和中华全国总工会授予的全国首批“创新型企业”。共获国家科技进步奖 107 项，其中特等奖 5 项，一等奖 14 项；国家级工法 166 项；拥有有效专利授权 5964 件，其中发明专利 1661 件；拥有“高速铁路建造技术国家工程实验室”“盾构及掘进技术国家重点实验室”和“桥梁结构健康与安全国家重点实验室”；拥有 7 个博士后工作站、11 个国家认定企业技术中心。中国中铁现有员工 29 万余人，其中中高级技术人员 7 万余人、中国工程院院士 2 名、国家有突出贡献中青年专家 6 名、全国工程勘察设计大师 5 名、享受国务院政府特殊津贴专家人员 309 名，同时，拥有高技能人才 5. 27 万人。中国中铁在全球市场久负盛名。自 20 世纪 70 年代建设长达 1861 公里的坦桑尼亚至赞比亚铁路项目开始至今，先后在亚洲、非洲、欧洲、南美洲、大洋洲等地区的多个国家建设了一大批精品工程。2015 年实现海外营业收入 301 亿元。目前在全球 60 多个国家和地区设有公司办事处、代表处和项目部等境外机构。

中国中铁毕业生校园招聘工作于每年 9 月启动，根据工作安排，所属二级单位分别赴西南、西北、华北、华东、东北、华中、华南等片区高校召开专场校园宣讲招聘会，有求职意向的同学可以关注中国中铁各二级单位官网或以上片区高校就业网站信息发布，踊跃投递简历。

以上两家企业是典型的国有大型企业。

(2) 集体所有制企业

这是指一定范围内的劳动群众出资举办的企业。它包括城乡劳动者使用集体资本投资兴办的企业以及部分个人通过集资自愿放弃所有权并依法经工商行政管理机关认定为集体所有制的企业。

(3) 私营企业

私营企业是指由自然人投资设立或由自然人控股，以雇佣劳动为基础的营利性经济组织。即企业的资产属于私人所有，有法定数额以上的雇工的营利性经济组织。在我国这类企业由公民个人出资兴办并由其所有和支配，而且其生产经营

方式是以雇佣劳动为基础，雇工数额应在 8 人以上。这类企业原以经营第三产业为主，现已涉足第一、第二产业，向科技型、生产型、外向型方向发展。

(4) 股份制企业

企业的财产由两个或两个以上的出资者共同出资，并以股份形式构成的企业。我国的股份制企业主要是指股份有限公司和有限责任公司(包括国有独资公司)两种组织形式。某些国有、集体、私营等经济组织虽以股份制形式经营，但未按公司法有关既定改制规范的，未以股份有限公司或有限责任公司登记注册的，仍按原所有制经济性质划归其经济类型。

3. 事业单位

事业单位是指不以营利为主要目的，也不履行行政管理职能，而是承担某种社会责任，为社会提供某种服务的单位。

在我国，事业组织分为两大类，一类是正在进行体制改革的由政府主办的各类事业单位，它是国家为了社会公益目的，由国家机关举办或者其他组织利用国有资产举办的，从事教育、科技、文化、卫生等活动的社会服务组织，包括各类公立学校、公立医院、科研院所、行业协会等。另一类称为民间组织，基本等同于国外的非营利组织(NPO)或非政府组织(NGO)。世界银行把任何民间组织，只要其目的是保护环境、维护穷人利益、援贫济困、提供基本社会服务或促进社区发展，都称为非政府组织。

NGO 是“非政府组织”英文“Non-Government Organization”的缩写，NPO 是“非营利组织”英文“Non-Profit Organization”的缩写。NGO 和 NPO 这两个概念是从不同角度对民间社会组织的称谓，非政府是从“国家——社会”的角度着眼的，在现代国家，最主要的组织是政府组织，它既握有至高无上的权力，也对社会发展负有重大责任。在政府的权力和责任未及之处，某种社会组织就会占据政府无力顾及的空间，这就是社会空间。从政治权力的角度来说，与政府组织相对应的是社会性组织或非政府组织。非营利组织则是从“经济——社会”的角度着眼的，从这一角度来看，与经济组织(企业)相对应的是社会性组织，经济组织是营利组织，社会性组织就是非营利组织。因而，他们被统一称作民间组织，即在社会中介于政府与企业之间，兼具非政府性与非营利性的社会性组织，它们既不是政府机构也不是经济组织。清华大学秦晖教授指出：可以用公益还是私益、强制还是志愿这两个维度来划分三个部门。第一部门就是政府部门，是用强制的办法来分配资源，提供公共物品的；第二部门可以称为企业部门，或者营利部门，按照市场原则运作，追求利益的最大化，是采用交易手段来创造、提供私人物品的；第三部门则是通过志愿的机制提供公共利益的组织，如果强调它跟强制手段的区别，那么它就是非政府组织(NGO)，如果强调它的公益性和非营利性，那么它就是非营利机构(NPO)。

在很多国家，民间组织对社会发展的推动和影响已经比肩政府和企业，它正在成为社会政治、经济、环境等领域的第三支柱。有学者就把各种形式的社会组织大体划分为以下五个类别。

一是公益服务类社会组织。这类社会组织的活动范围包括公益慈善、扶贫济困、救灾救济、环境保护、文化教育、社区建设以及城乡社会发展等。

二是政策倡导类社会组织。关注边缘群体、易受伤害脆弱人群和弱势群体，积极倡导构建相应的政策法规。追求社会公正，致力于社会发展中形成的各种差别歧视及社会矛盾的解决，以及法律、政策的完整。

三是工商经济类社会组织。这类社会组织积极参与市场运营、谋求市场利益，在降低交易成本、提供产品服务等方面发挥着重要的作用。

四是政治参与类社会组织。数量不多，影响很大，其主要特点是广泛的政治参与，它们以表达政治诉求、扩大政治权力、谋求开展政治活动的公共空间乃至实现政治目标为宗旨，其中包括大量危害法治和社会治安的隐形破坏性社会组织。

五是一般社会领域的社会组织。主要包括学术性团体、宗教性团体、职业性团体等，这类社会组织一般不直接介入政策倡导、公共服务提供、政治参与、市场运营等社会过程中。它们通常有其特定的活动领域以及相关人群，这类社会组织的数量很多，种类繁杂，但具有较强的稳定性。

（二）单位分析

单位分析在职业规划当中是必不可少的，应当像对职业分析那样给予重视，分析单位环境与人是否匹配。当单位的环境适合一个人的发展时，个人职业更容易取得成功。为了避免做出错误的选择，我们要尽可能利用可以获得的信息，了解单位的基本情况，可以对以下问题自问自答：

★ 这是一个什么性质的单位？是企业、政府机构还是事业单位？

★ 单位处于发展的哪个阶段？成长期、发展期、衰退期？

★ 单位发展目标是什么？这样的发展目标为职业发展提供的是机会、挑战还是威胁？

★ 单位需要什么样的人才？单位内部将会出现什么样的新增岗位？自己通过发展能适合这种需要吗？

……

大体来说，单位环境分析内容包括单位特征、单位战略、单位文化。

1. 单位特征分析

单位特征不同对人力资源的要求有差异，如单位的行业属性、发展阶段、产品服务、生产的自动化程度等，均影响着员工的发展空间。如传统性生产单位，对创新性高级人才发展有一定局限，而一些进行新产品开发的高科技产业，需要技术创新，有利于创新人才的发展。同时，单位类型是劳动密集型或资本密集型或知识密集型，对员工都有不同的要求，劳动密集型单位强调员工的体能，资本密集型单位重视员工的技术，知识密集型单位强调员工的科研开发能力。制定职业生涯规划时，这些因素都必须考虑在内。

2. 单位战略分析

单位战略是为实现组织的长期目标而制定的，单位的所有生产经营活动都是围绕着单位发展目标而展开的。了解单位的发展战略，会促进个人生涯规划与单位发展的良好匹配，实现单位与个人的双赢。

具体分析内容包括单位的总体战略、产品战略、市场战略等方面，分析这些战略会给自己带来的机遇或威胁，从而采取应对策略。尤其是临近毕业准备求职的大学生，对准备应聘的单位进行战略分析是必不可少的，主要为发现在未来一段时间是否有自己所需的机会，或是否对进入该单位后造成威胁；当进入某单位后，仍然需要不断分析单位战略，以提前发现机会或威胁，以备提前调整自己的生涯规划或做好应对准备。

3. 单位文化分析

单位文化是指组织成员的共同价值观体系，它使组织独具特色，区别于其他单位。其表现的具体特征有：单位鼓励员工创新、冒险的程度，员工做事方式的风格，单位内部的人际关系导向，团队精神，员工的进取心和竞争性，组织的稳定性等等。单位文化决定了一个单位的基本特征，决定了单位的软环境，当我们在决定是否要进入某单位前，单位文化分析如同职业分析、单位特征分析一样，是非常关键的环节。具体需要了解这一单位的价值观体系、人力资源规划、管理风格是否与自身个性、理想相吻合，从而决定去留。具体分析内容见表2-3-1。

单位文化评估表

表2-3-1

评估项目		具体内容	自己是否认同或接受
单位价值观体系	单位与社会的关系		
	单位与员工的关系		
	人生观		
	（其他价值观）		
人力资源政策制度	招聘政策		
	轮岗政策		
	晋升政策		
	培训政策		
	绩效考评政策		
	薪酬政策		
	（其他政策制度）		
管理风格		专制或民主	

单位环境分析是一个渐进的过程通过各方面渠道获得单位信息，通过分析、整理做出抉择。有一点需要紧紧抓住的就是：在单位内是否有自己的发展机会，是否能满足自己职业发展的需要。进入单位后，仍然需要不断分析、评估，以确定自己的发展目标或做出重新择业的决策。

（三）单位的选材标准

单位性质不同，其对招聘人才的选拔标准必然也存在着差别，虽然说某一性质单位的具体标准也因为具体企业不同而千差万别，但其大体上还是会有较多的相似性，可谓大同小异。

1. 政府机关选材标准

想进入政府机关的大学生朋友们肯定非常关心政府机构的选材标准，虽然说公务员考试每年都会有一些硬性要求，涉及学历、年龄、户籍等，同学们可以通过每年的招考公告查询，这里不再赘述。除了这些硬性要求之外，作为政府机关公务员还会有一些能力素养的要求，同学们可以看看自己是否能够胜任。

（1）政治鉴别能力

公务员应当有相应的政治理论功底，坚持党的基本理论、基本路线、基本纲领和基本经验，认真实践“三个代表”重要思想；能从政治上观察、思考和处理问题，能透过现象看本质，是非分明；具有一定的政治敏锐性和洞察力，正确把握时代发展要求，科学判断形势；能具体、灵活地贯彻执行党的路线、方针、政策。

（2）依法行政能力

公务员要有较强的法律意识、规则意识、法制观念；要忠实遵守宪法、法律和法规，按照法定的职责权限和程序履行职责、执行公务；要准确运用与工作相关的法律、法规和有关政策；要依法办事、准确执法、公正执法、文明执法，不以权代法；要敢于同违法行为作斗争，维护宪法、法律的尊严。

（3）表达能力

公务员必须具备表达能力，能够将自己的思想、意图，通过口头、书面或使用计算机等方式准确地传递给对方，这既是信息沟通的手段，也是情感联络的媒介。如果文笔不通，则公文写作难以胜任；如果语言表达不清，则日常工作难以维持。

（4）调查研究能力

公务员要坚持实践第一的观点，实事求是，讲真话、写实情；要坚持群众路线，掌握科学的调查研究方法；要善于发现问题、分析问题，准确把握事物发展的历史、现状和产生的影响；要积极探索事物发展的规律，预测发展的趋势，提出解决问题的建议；要善于总结经验，发现典型，指导、推动工作。

（5）沟通协调能力

公务员应有全局观念、民主作风和协作意识；尊重他人，善于团结和自己意见不同的人一道工作；坚持原则性与灵活性相结合，营造宽松、和谐的工作氛围；能够建立和运用工作联系网络，有效运用各种沟通方式。

（6）创新能力

公务员要敢于解放思想，开阔视野，与时俱进，具有创新精神和创新勇气；要掌握创新方法、技能，培养创新思维方式；要对新事物敏感，善于发现、扶植新生事物，总结新鲜经验；要善于分析新情况，提出新思路，解决新问题，结合实际创造性地开展工作。

(7) 公共服务能力

公务员要牢固树立为人民服务的宗旨观念和服务意识；诚实为民，守信立政；要有强烈的责任心，对工作认真负责，密切联系群众，关心群众疾苦，维护群众合法权益；要有较强的行政成本意识，善于运用现代公共行政方法和技能，注重提高工作效益；要乐于接受群众监督，积极采纳群众的正确建议，勇于接受群众批评。

(8) 人际协调能力

人们由于知识、素质、爱好、志趣、经历背景等的不同，导致行为习惯、对问题的看法、处世原则等差别很大。现实工作中公务员必须能够协调各种人际关系，减少内耗形成合力。新录用的公务员切忌待人冷漠、自高自大、斤斤计较。

(9) 学习能力

当今时代是一个变革的时代，社会生活日新月异，政府管理随之不断变化，公务员要紧跟形势发展，不断学习新知识、培养新观念、开拓新视野；不仅学习书本知识和他人经验，还要具备独立思考、推断事物的能力。为此，公务员应具备终身学习观念，有良好的学风，理论联系实际，学以致用；学习目标明确，根据自己的知识结构和工作需要，从理论和实践两方面积累知识与经验；掌握科学的学习方法，及时更新和掌握与工作需要相适应的知识、技能；拓宽学习途径，向书本学、向实践学、向他人学。

(10) 应对突发事件能力

公务员要有效掌握工作相关信息，及时捕捉带有倾向性、潜在性问题，制定可行预案，并争取把问题解决于萌芽之中；要正确认识和处理各种社会矛盾，善于协调不同利益关系；面对突发事件，要头脑清醒，科学分析，敏锐把握事件潜在影响，密切掌握事态发展情况；要准确判断，果断行动，整合资源，调动各种力量，有序应对突发事件。

(11) 时间安排能力

政府公务工作烦琐而杂乱，要求公务员必须合理掌握时间。合理安排时间的能力，首先表现为要珍惜时间，不浪费一分一秒；其次，要在最佳时间段完成最重要的工作任务；再次，要有计划分配自己可用的时间，把时间的分配和工作计划结合起来。

（12）心理调适能力

公务员要事业心强，有积极、乐观、向上的精神状态和爱岗敬业的热情；能根据形势和环境变化适时调整自己的思维和行为，保持良好的心态、情绪；要有坚定的自信心和意志，能正确对待和处理顺境与逆境、成功与失败；具有良好的心理适应性，心胸开阔，容人让人，不嫉贤妒能。

2. 企业选材标准

记得看到过一篇采访，采访的对象是某高校一位对未来很迷茫的学生，这个学生说过的一番话非常有启发意义。这个学生说："在我上高中的时候，任务就是拼命学习，因为我知道如果我考到多少分以上就可以顺利地进入想进的大学。现在我很迷茫，因为我知道即便我高数考 96 分，物理考 95 分，我依然不确定是否能进入我想进的那家企业。"企业选人的标准跟学校选人的标准不同，学校对学生的评判标准比较单一，而企业用人的标准是多维的，企业考查应聘者的方法也是多种多样的。为了让同学们对企业选材标准有一个更加直观的认识和深入的了解，下面我们就用两个具体的实例来说明不同企业对人才的具体要求。

（1）外资企业选材标准

IBM（International Business Machines），即国际商业机器公司，创立于 1924 年，是全球最大的信息技术、咨询服务和业务解决方案公司。IBM 公司业务遍及 170 多个国家，运用最先进的信息科技，助力于为各行各业的客户创造商业价值。作为一家以创新为核心的公司，IBM 始终致力于自身业务的改造，以满足新计算时代前所未有、日新月异的需求。下面我们就通过 IBM 大中华区招聘总监薛莲接受访谈的相关内容来了解典型外资企业的选材标准。

① **问：**IBM 的面试和笔试主要考查什么？

答：考查的内容包括沟通能力、学习能力、理解能力、语言能力、技术能力等，总计面试会在 2~3 轮。根据岗位需求不同，考查的内容也各有侧重，例如，销售、市场、服务类职位，主要考查候选人的综合素质以及和应聘岗位的匹配度，面试会以中英文结合的形式；部分技术类职位可能会增设现场的笔试等环节。

② **问：**IBM 对毕业院校、专业、学历、性别等有具体要求吗？贵公司更看重什么？

答：员工的选拔、培训、发展和晋升完全取决于个人的价值、技能、资格、能力和才智。其中发展潜力和个人能力是招聘时最重要的衡量标准，一些职位会对技术背景和外语能力有要求，但是没有严格的专业和语言等级的限制。申请人只要是对申请岗位有兴趣，具有本科或以上学历的在校学生即可申请。一直以来，IBM 都会公平对待所有员工，不分国籍、肤色、年龄、残障与否或者是性别，这种理念最终形成了 IBM 百年来尊重个体差异的多元、包容的企业文化。

(2) 国有企业选材标准

江苏交通建设(集团)有限公司是由江苏交通控股有限公司出资组建，在江苏省工商行政管理局登记注册的国有独资有限责任公司，具有路基工程专业一级资质和对外经营权的交通工程施工企业。其人力资源部部长朱乾震介绍的企业招聘情况可以为同学们提供另外一个了解维度。

① **问**：贵单位招聘一般更青睐什么样的大学生？

答：接地气的，找工作就像是找对象，首先学生要对所应聘的职业有所了解，对企业要有了解，甚至对地域都要有一定的了解。然后看学生是否把专业当成职业来做。工作开始的前两年很重要，要做足工作上的准备，不然到时候心理会有很大的落差。

② **问**：大学四年的成绩在贵公司的招聘中所占的分量重吗？

答：我们参考成绩，但是不唯成绩，会综合考查，如沟通、执行、组织等能力。对大四的学生来说，能力比学历更重要。当你处于一个低层次的阶段的时候，就需要你有较强的执行能力，当处于更高层次阶段时，就需要有组织能力。当然，像我们这种企业，团队意识尤为重要。

③ **问**：有人说，大学里学的很多东西在工作中都难以派上用场，在工作时又得从零开始，您是如何看待的？

答：我觉得要树立一种终身学习的思想，现在企业都强调学习能力，要做到课本知识和实践相结合。职业规划很重要，尤其是对低年级的学生，要早定下职业目标。自己所学的是否喜欢，不喜欢的话，是不是考虑修个第二专业。喜欢的话就把专业当成职业来做。在心里要有个排序，如果找工作以地域为主，那就早定下城市，不要在意专业对不对口。要是以专业为主，就不要去在意地域。总之，要尽早定位好自己的目标。

3. 事业单位选材标准

当前事业组织单位进行人才招聘时，绝大多数也类同于政府机关，要进行相

应的专业技能测试，在通过以后还要进行面试，不管是笔试还是面试，对于人才选拔的要求也进一步明确和量化。如教育类岗位专业技能测试方式多为试讲，而卫生类岗位专业技能测试方式为病例分析、专业知识问答等。面试中主要的考查点一般为逻辑思维能力、综合分析能力、新环境适应能力、语言表达能力、工作态度及岗位匹配度等。事业组织相较于政府机关而言，因为内涵不同、担负的职责不同、编制和工作待遇的来源不同，其选材标准还存在着一定的差别，这也要同学们针对具体的单位来进行甄别。

从以上单位的选材标准来看，虽然因为企业文化和背景不同而不尽相同，对大学生的要求也各有侧重，但概括起来有以下几个共同点：第一，良好的道德品质和修养；第二，吃苦耐劳的精神；第三，学习能力与专业技能；第四，沟通能力、合作意识及团队精神；第五，进取与创新精神。

（四）如何获取单位信息

对于同学们而言，可能最困扰大家的一大难题就是如何全面而准确地获取用人单位的信息。不少同学对单位的了解是从企业的宣讲会才开始的，而且也只局限于宣讲会的介绍，这样管中窥豹的了解方式和程度，可以想象必然会对自己的求职造成不少困扰。那么，究竟该怎样获取用人单位的信息呢？这里就给大家介绍三种最有效的途径：

1. 网络查询

毫无疑问，当前大学生对于用人单位信息获取的首要方式就是通过网络。网络便捷、丰富、及时的特点非常符合同学们信息获取的习惯。网络获取用人单位的信息也有不同的渠道：一是通过用人单位自己的网站，这里边的信息内容往往比较丰富，而且更新得非常及时，对单位进行更加深入的了解会有很大帮助。既然是自家的网站，当然就会少了一些负面或者不利的消息，所以对于全面了解单位的情况还显得不够。第二个渠道就是进入单位所在的行业的网站或者搜索类似的信息，这个渠道有利于了解单位比较性的信息，比如行业排名、发展趋势等等，可以帮助我们做出一个更加全面的判断。最后就是很多同学都比较乐意的各种贴吧、讨论组等，这里面的信息最为庞杂，而且有个很有趣的现象，大多数企业在这里获得的评价好像都不太高，这就需要同学们有自己的火眼金睛了，什么“我在里边待过几年（发展并不如意），这个单位就是一个坑货（最后被扫地出门)”“那个单位不要去(自己没去上),效益差得很(完全没依据)”这类的所谓“经验之谈”请君务必多加小心,当然有些有图有真相的信息还是可以给你很大的参考。

比如以下就是中国建筑网站上的企业介绍。

总体情况

中国建筑工程总公司(以下简称“中国建筑”),正式组建于1982年,是我国专业化发展最久、市场化经营最早、一体化程度最高、全球排名第一的投资建设集团,也是我国建筑领域唯一一家由中央直接管理的国有重要骨干企业。目前,中建总公司主要以上市企业中国建筑股份有限公司(简称“中建股份”,股票代码601668. SH)为平台开展经营管理活动。

近年来,在经济新常态背景下,中国建筑继续保持健康、快速的发展势头,以优秀的经营业绩为国民经济健康发展和地方经济持续繁荣做出积极贡献。2015年,中国建筑新签合同额约1. 7万亿元(人民币,下同),营业收入约8800亿元,利润总额477亿元,在全部110家中央企业中营业收入排名第4位,利润总额排名第6位,位居2015年度《财富》“世界500强”第37位,是全球最大的投资建设集团。获得标普、穆迪、惠誉等国际三大评级机构信用评级A级,为全球建筑行业最高信用评级。

业务领域

中国建筑的经营业绩遍布国内及海外一百多个国家和地区,涉及工程建设、投资开发、勘察设计等多个领域。工程建设方面,中国建筑是世界最大的工程承包商,代表着我国房建领域的最高水平,业务范围涉及城市建设的全部领域与项目建设的每个环节。跟随伟大祖国前进步伐,伴随中国改革开放大潮,中国建筑在国内建造了许多记录时代变迁、铭刻经济文化发展的经典地标,在公共建筑、酒店、科教、体育、人居、医疗、使馆、工业、国防军事等房建领域与城市轨道交通、高铁、特大型桥梁、高速公路、城市综合管廊、港口与航道、电力、矿山、冶金、石油化工、飞机场、核岛等基础设施领域完成了众多经典工程,目前国内施工项目平均体量超6亿元,全国超过90%的300米以上超高层,众多技术含量高、结构形式复杂的建筑均由中国建筑承建。投资开发方面,中国建筑是我国最具实力的投资商之一,目前全集团计划投资额过万亿元,年度投资额约2000亿元,主要投资方向为房地产、基础设施等城镇综合建设领域。公司强化内部资源整合与业务协同，打造“规划设计、投资开发、基础设施建设、房屋建筑工程”等“四位一体”的商业模式，为城市建设提供全领域、全过程、全要素的一揽子服务。截至目前，已先后与数十个省市签署战略合作协议，总开发面积逾百平方公里。中国建筑拥有“中海地产”和“中建地产”两大地产子品牌，其中中海地产盈利能力多年来始终处于中国房地产企业领先地位，品牌价值连续十二年居行业之首。勘察设计方面，中国建筑是我国最大的建筑设计、城市规划、工程勘察、市政公用工程设计的综合企业集团之一，完成了一大批具有民族特色和时代特征的优秀建筑设计作品，在机场、酒店、体育建筑、博览建筑、古建筑、超高层等领域居国内领先地位。中国建筑拥有建筑工程设计、市政工程设计、工程勘察与岩土等领域的专业技术人员近万人，高端专业人才总量居行业前列，并在设计原创、科技创新、标准规范等方面为行业的发展做出重要贡献。

海外经营

20 世纪 70 年代末，中国建筑敢为天下先，率先进入国际工程承包市场，成为我国外经领域和中国企业“走出去”的标杆，创造了优秀的海外经营业绩，2015 年排名世界 225 家最大国际承包商第 17 位。截至目前，中国建筑已累计在 129 个国家或地区承建了近 6000 项工程，涵盖房屋建筑、制造、能源、交通、水利、工业、石化、危险物处理、电信、排污/垃圾处理等多个专业领域，其中一大批已成为当地标志性、代表性建筑，并有多个项目凭借质量高、难度大、技术新、绿色环保等方面的优势获得国内外大奖，赢得了所在国家政府和民众的高度认可，用建筑打造出一张又一张靓丽的“中国名片”。“十二五”时期，公司海外新签合约额、营业收入年复合增长率是同期我国对外承包工程企业总体增速的 2. 5 倍、1. 4 倍，整体发展速度位居业界前列。

企业愿景

未来，中国建筑将秉持自身优势，传承光辉历史，在投资、建设领域充分发挥全产业链竞争优势，以“五大发展理念”统领企业发展，以改革奋进激发企业活力，为中国乃至全球经济发展贡献力量，努力成为治理体系科学、资本积累雄厚、组织运营高效、技术业界领先、企业文化先进的最具国际竞争力的投资建设集团。

这些介绍对企业的发展状况和趋势还是有比较清晰的叙述。

2. 社会资源挖掘

不要说你没有社会资源，关键是你有没有用心去挖掘。说到社会资源，大家第一个想起的就是自己的亲朋好友，这个资源确实非常宝贵，而且会更多地为你进行全面而深入的考虑和谋划，将单位信息详细地展现在你面前，能有这样的资源对于你获取单位信息来讲可算是事半功倍。如果没有这个资源呢？别忘了自己的师兄师姐，有心的同学把这条线可是用得熟溜得很，不仅获取了第一手的单位信息，说不定还取得了更加珍贵的内部推荐机会，同学们可要好好挖掘了。如果这个单位偏偏也没有往届的校友在里边，那么咱们还可以“听师说”，一方面学校老师特别是专业老师很有可能会与单位有不少直接的接触，另外就业老师对企业的了解和判断也会比较全面一些。

3. 企业宣讲会

常规武器还是要用好！企业宣讲会通常会将最精华的信息推介给大家，因此，有机会能参加宣讲会一定不要错过，大家听宣讲会也要掌握住几个小技巧。技巧一：不要玩手机！既然来听就请全神贯注，遗憾的是我们发现不少宣讲会现场竟然还有很多“低头族”，同学，虽然你浪费的是你的青春，但是我们还是为你感到可惜。技巧二：对于感兴趣的关键信息一定要做笔记。很多同学关心单位的薪酬水平，企业讲得也很仔细，可是到了面试的时候全都忘了，只好再次询问，“同学，我们宣讲会讲得很清楚了，你是没有听吗？”你说你尴不尴尬。技巧三：一定要互动！有些信息在企业宣讲时可能并没有提及，这个时候不用不好意思了，一定要打破砂锅问到底，这不仅是简单的问答，也是给企业增加印象的好机会。

4. 单位实习

“纸上得来终觉浅，绝知此事要躬行。”对单位信息最好的了解和甄别永远是亲密接触——到企业去实习。好在现在越来越多的单位对实习生项目重视起来，提供了更多的实习机会，但是要想通过这种方式来获取单位信息的同学要注意了，你们的求职之路在大三就已经开始了，而且实习机会的获取也需要你做好充足的准备，因此无论是就业季之前还是之后，准备工作不可一日松懈。

三、生涯案例

小吴，26岁，本科学历，上海某知名大学数学与应用数学专业毕业，因毕

业后没有找到与专业有关的工作，就到新加坡某学校从事了一年的招生工作。回国后想寻求一份能够发挥数学专长的工作。几经面试，均未成功。

小吴的性格有些内向，自我评价是“比起与人沟通，还是和数字打交道更容易些”。谈起找工作的事，他说：“自己的专业实在太难找工作了！对口的岗位门槛太高，其他岗位又不知道该做什么好。”

小吴的求职方向比较分散。他虽然心仪数学老师岗位，但销售、客服等岗位应聘的频次也很多，原因是这些岗位市场需求量大，入行门槛低。然而这两个岗位都对语言表达能力有较高的要求，与小吴内向的性格不符。其间，亲戚给他介绍了地铁站台服务员的岗位，也因他不善言谈而面试失败。他出国去新加坡实际是投奔姐姐，想一边工作一边寻找求学机会。但他在出国前对求学方向、各学校的情况尚未有深入了解，出国后全部依赖姐姐获取相关信息。所从事的培训学校招生工作，主要职责是学校的课程销售。因业绩较差，小吴感到很不愉快。最终在没有学习机会和无法胜任工作的情形下选择回国。

【案例分析】

小吴所学专业的学术性较强，但就业面较窄。而就其择业目标——数学教师岗位来分析，公立学校不但需求量少，且很少通过人力资源市场招聘。民营培训机构则更倾向于有经验有名望的老教师。小吴虽具有本科学历和一定的数学领域知识，却尚未接受过任何教学训练，即自身条件与理想岗位之间相差甚远。之前的工作经历也属于被动就业。

【案例指导】

第一，挖掘自身优势。小吴所学的数学专业虽无法直接用于某岗位，但从中培养了良好的数字敏感度。同时，他自学过编程，与财务、软件编程等相关领域有很高的契合点。

第二，理清职业规划。无论小吴选择财务还是编程岗位，都要不断地提升自己的技能水平，使自己成为某方面的技术型人才，才能得到单位的青睐。

第三，摆脱依赖心理。小吴由于对所学专业的执着，对市场的不了解，更加重了对家人的过度依赖。作为大学毕业生，小吴可以通过网络、同学、人力资源市场等搜集信息，找到就业服务机构、测评机构了解自己的职业兴趣，为自己做出科学的择业决策提供参考借鉴。

四、生涯活动坊

招聘信息分析活动

(1)在网络上寻找10条用人单位的招聘信息，并熟悉招聘信息的内容。

(2)重点分析。选择3条感兴趣的企业招聘信息进行重点分析。

(3)交流讨论。将自己的分析结果在课堂上与小组同学交流讨论。

(4)分享交流。每小组派一名代表在全班进行分享，解答其他小组同学的问询。

(5)总结点评。点评内容包括：进行企业招聘信息分析时，应该重点分析哪些内容？从中你能获得哪些方面的信息？通过招聘信息分析，你学到哪些内容？对自己未来职业发展有哪些启示？

思考与练习

1. 你的专业相关职业有哪些？它们要求具备哪些能力和素质？

2. 请根据本章所学方法，分小组进行一次生涯人物访谈，并形成生涯人物访谈报告。

第三章　职业决策——谁是我的 TA

第一节　决策理论依据

一、生涯指引

★ 考研 or 找工作

进入大三，小李身边的同学有的在忙着考研，有的在为找工作做准备，一直没有认真思考过未来发展的小李感到很迷茫，自己是应该考研还是先找工作呢？

★ 专业对口 or 专业不对口

小吴是英语专业的学生，家里人一直劝她去考公务员或者考银行，她自己觉得学了四年英语应该找个专业对口的工作，可又不想让家人失望，自己也不知怎么选择才好？

★ 回家就业 or 异地求职

小史是海南人，家里的独女，父母早早就希望毕业后她能回海南就业，但小史想留在重庆工作，为此事也经常和父母亲闹得不愉快，临近毕业的她很烦恼。

思考：以上三位同学面临的共同问题是什么？如果是你，你会怎么办？

二、生涯知识

(一) 生涯决策内涵

1. 基本内涵

决策(decision making)是个人对将要进行的重要问题，或将要从事的重要工作，做出审慎的最后决定。

职业生涯与发展决策是一个舶来词汇，我国学者也将其直接翻译为职业决策或生涯决策。这一概念最早源自英国经济学家凯恩(Kenne)的理论，指一个人选择目标或职业时，会选择使用一种使个人获得最高而将损失降至最低所用的方法。当个人面对多方面的职业的选择时，每一项对其而言都有不同程度的价值，"职业生涯决策"就是个人在多项选择之间权衡利弊，以达成最大价值的过程。辛格(Singh)和格林豪斯(Greenhous)等人认为职业生涯与发展决策是个体一生中必然要面临的重要决策，是指个体对自己将要从事职业做出的选择，是按照劳动力市场上的需要，对现存的职业进行比较，选择最适合自己所具有的职业劳动力就职条件，实现自己劳动能力与劳动岗位相匹配的形式。个体做出职业生涯与发展决策过程，需要考虑自己的价值观、兴趣取向、技能及职业信息、教育、工作环境等方面的信息并进行分析，进行职业选择或探索。

职业生涯与发展决策是职业目标、职业方向确定并实现的过程。要了解职业生涯与发展决策，就要充分理解它所包含的三层含义。

首先，职业生涯与发展决策是人生的一种决策。职业生涯与发展决策是个人针对自己的个性因素对工作类别进行选择和确定。对于大学生们来说进行职业生涯与发展决策是使自己从"学生"转变为"职业人"的关键环节，是实现人生价值的开端。因此，职业生涯与发展决策是认识的一种重大选择。

其次，职业生涯与发展决策是个人因素与职业因素优化统一的过程。不同的人有不同的职业目标，不同的社会岗位将对不同的劳动者进行选拔。这就要求在做出职业生涯与发展决策时，必须考虑到自己的性格、兴趣、气质、技能和价值观等相关信息，同时必须面临职业、教育和休闲的各种选择。这样才能在综合自我信息和职业信息的基础上，利用职业生涯知识与技能对自身个性因素和职业因素进行优化统一，制订出有效的个人职业生涯与发展决策。

最后，职业生涯与发展决策是个人向客观现实"妥协"的过程，也是个人对"我与职业"关系的调适过程。每个人都有自己的职业理想，然而理想和现实之间往往存在差距，在做选择的时候，必然要在职业理想和客观现实之间做出一定的妥协，在理想和现实之间进行科学合理的分析与调适，真正解决好"我与职业"的关系，让自己高度认同自己的职业选择，也让自己的职业选择为自身的将来发展搭建发展的平台。

2. 特点

与其他类型的决策相比，职业生涯决策有其独特之处，可归纳为如下四点：

① 项目数量多，但有较强的规律性。如所选择的专业、学校、职业种类、岗位、单位等，这些项目相互之间有内在的联系，因此虽然项目众多但因为其间存在内在的逻辑联系，所以呈现出较强的规律性。

② 所考虑的信息来源范围广，但信息准确度不一。信息的来源包括职场信息、计算机辅助职业指导系统、目标职业从业者等，这些信息源于自身存在的维度、条件和价值观等因素的不同，有时可能与现实情况不一致，因此发出的信息也存在真假不一的现象。

③ 个人职业取向及职业资格要求复杂，如从业前的培训、工作环境、技能、收入水平、工作人际环境等。

④ “重要他人”(如父母、配偶、师长、朋友等)及专业职业指导人员会对个人的职业决策行为产生直接或间接的影响。

3. 决策类型

丁克里奇(Dinklage，1966)提出，人们通常采用下面几种决策模式。

★ 信息型(计划型)：这种决策类型的决策者以周全的探求、对选择的逻辑性评估为特征。信息型(计划型)的决策者具备深思熟虑、分析、逻辑的特性。这类决策者会评估决策的长期效用并以事实为基础做出决策。

★ 痛苦挣扎型：这种决策类型的决策者会花很多的时间和精力来收集信息，确认有哪些选择，向专家询问，反复比较，却迟迟难以做出决定，在各种选择中不能自拔，前怕狼后怕虎。他们常爱说的一句话是“我就是拿不定主意”。出现这种情况的时候，收集再多的信息进行分析比较也无济于事。需要弄清的是他们被一些什么样的情绪和非理性信念困住了，比如害怕自己做出错误的决定、追求完美等等。

★ 冲动型：与痛苦挣扎型相符，冲动型决策者遇到第一个选择就紧紧抓住不放，既没有对未来进行思考和分析，也没有经过策划和准备。他们的想法是：“先决定，以后再考虑。”比如，先找到一份工作做了再说。冲动的决策方式可能是出于对困难的回避，不愿意花时间精力去探索。这种方式的危险在于风险太大，等看到有更好的选择时自然追悔莫及。

★ 直觉型：这类决策者将自己的直觉感受作为决策的基础。他们通常说不出什么理由，跟着感觉走，只是“觉得这个好”，有时感觉像是在盲人摸象。人们在择友的时候常常采取这样的方式。直觉在人们对环境情况无法获得充分信息的时候会比较有效，但它有可能不符合事实，有时候，我们的判断可能会因为自身先入为主的偏见而产生较大的误差。因此，最好不要仅仅将直觉作为决策的依据。

★ 拖延型：这类决策者习惯将对问题的思考和行动都往后推，他们会想事情总会解决的，现在不用太着急，船到桥头自然直、车到山前必有路，“过两天再说”是他们的口头禅。拖延型的人心中往往会抱有这样的希望：也许事情过两天就自动解决了。然而，问题并不会自动解决，有时候甚至会越拖越严重，往往会失去解决问题的最佳时机。

★ 顺从型(依赖型)：这类决策者倾向于顺从别人的计划而不是独立地做出决定。典型的表现为：依附于组织或他人，让组织或他人为自己做决定，按照别人的思路发展自己。比如很多大学生一窝蜂似的争取出国、考公务员、考研等，只是因为“大家都这样做”。从众的人固然在追随群体的过程中获得了一种虚假的安全感，但却忽略了自身的独特性，这造成他们的选择在很大程度上并不适合自己，从而影响了自身的发展，也牺牲了对人生可能有的成就感。

★ 宿命型：这类决策者不明确自己最喜欢的，但否定自己最不喜欢的，觉得一切都由命运所掌握，跟随社会的发展就可以了，他们会说“该怎么的就怎么的”之类的话。当一个人将自己生活的主导权交给外界环境的时候，可以预见，这个人是很容易觉得无力和无助的，因此也很容易成为环境的受害者，成功时会觉得是运气好，失败时就会觉得是命中注定。

★ 瘫痪型：这类决策者可能在理性上接受了应当自己做决定的观念，却无法开始决策过程。他们也能够意识到自己应该开始了，但是内心深处对即将开始的事情却总是充满着恐惧。他们无法或者不愿意做出决策并承担相应的后果，这种类型的人往往是由于在其长期受教育的过程中的不当教育方式导致的。

想一想，你在生活中曾经采取过哪些决策模式？你最常用的是哪种？

根据对“自己”和“环境”认知的多少，还可以将上述几种决策类型进行如下划分(表 3-1-1)。

八种职业生涯决策类型的不同划分　　表 3-1-1

环境＼自己	未　　知	已　　知
未知	痛苦挣扎型、拖延型、瘫痪型	直觉型、冲动型
已知	依赖型、顺从型、宿命型	信息型、计划型

以上八种职业生涯决策的类型，根据情境和产生的结果的不同，往往会对个体职业生涯的发展产生不同的作用。比如，我们常常用“冲动”的方式决定晚餐吃什么或者买下一件新衣服，其后果不会对生活造成什么大的影响，但如果是在选择职业的时候“冲动”地选择了并不适合自己的职业，则会对你的人生都会产生较大的影响。相比之下，信息型(计划型)是比较受推崇的决策类型，强调综合全面地收集信息、理智地思考和冷静地分析判断，是其他决策类型的个体需要培养的一种良好的思考习惯。但信息型(计划型)的决策类型也并不是理想的、完美的决策类型，即使采用系统的、逻辑的方式，也会出现因为害怕承担决策的后果而不能整合自己和他人重要观点的困扰。

(二) 职业决策理论

1. 社会学习理论

约翰·克朗伯兹作为职业决策社会学习理论的代表人物，提出了以社会学习理论为基础的职业决策模型，提出了对职业选择的四种影响。

一是基因特征：种族、性别、外形、身体残疾，这些可以拓展或限制职业偏好和能力，如智力、体能等。

二是环境条件：如只能在某些地域找到某些工作，雇主和政府官员限定了任职要求，劳动法规和行业协会的规定，自然灾害，自然资源的供需情况，技术的新发展等。

三是过去的学习经验：克朗伯兹指出了两种学习经验——人作用于环境的与环境作用于人的。

四是个人处理新事物、新问题时所形成的技能、绩效标准和价值观。

克朗伯兹认为生涯发展是一个了解自身和各种选择可能性的过程。过去的学习以多种方式影响着生涯决策。假如曾在某些科目上有过积极的经验，那么会倾向于更多地了解这些领域。另一方，消极的经验会使我们回避它们。比如：你在化学考试上总是成绩不理想，现实中你又看到很多学习化学专业的人找不到工作，你可能就会在职业选择时倾向于远离与化学相关的职业。相反，你的音乐天赋很好，歌唱表演经常获奖、获得赞许，现在歌唱家、歌星的生活都不错，你可能就倾向于从事与音乐相关的工作。

克朗伯兹和他的同事还提出另一个观点，即个人信念与期望是生涯发展的一个重要组成部分，个人信念与期望有时被称为自我效能期望。自我效能期望是后天习得的，它是指人们对自己组织和执行各种活动能够达到特定绩效水平的判断，有关自我效能的这些观念也可以应用到生涯问题解决和决策制订当中。重要的是在生活的许多领域，都能学习和改变我们的自我效能期望。克朗伯兹认为职业选择的核心要素有三个，即自我效能、结果期待和个人目标。如：奥林匹克跳水运动员，在每场比赛前，他们都要花费时间在其头脑中精确地想象和演练比赛进行的过程。近年来，这种心理训练对运动员和艺术创作者来说已变得非常重要。

社会学习理论应用于职业生涯规划的一个方面是，提醒决策者检测自己在职业决策和求职时可能产生的一些棘手想法。克朗伯兹要求决策者击溃这些棘手想法，直面检测自身对职业的想法是否有效、合理和正确。

2. CASVE 决策模型

职业决策是一个复杂的认知过程，为了更好地完成职业决策过程，美国职业生涯理论家里尔(Reardon)等人在认知信息加工理论(CIP)中提出了 CASVE 决策模型。

该模型认为一个良好的决策需要经历五个步骤：C(沟通)、A(分析)、S(综合)、V(评估)和 E(执行)(图 3-1-1)。

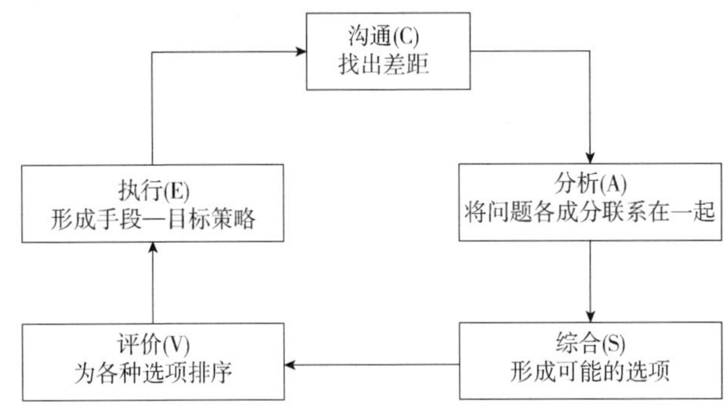

图 3-1-1　CASVE 决策模型

（1）沟通(Communication)

发现问题信号，发现理想情境与现实情况之间的差距，启动一个CASVE循环。通过内部和外部信号表现出来，意识到“我需要做出一个选择”且问题不容忽视，比如：大学生毕业后要选择从事什么工作？大学生可以通过个人渐进放松技术，充分回忆过去自己所做的重要决策，若有机会或条件也向已经做出重大决策的师兄师姐们，或者与发生重大生涯转变的人交谈，了解他们当时的感受。

（2）分析(Analysis)

即澄清或获得关于自我、职业、决策及元认知的知识，包括获得需要的信息的各个步骤，思考、观察、研究，更加具体地提出问题。如：了解自己和自己的各种选择，了解个人平时做出重要决策的方式。在此阶段，大学生可以到就业指导中心、心理咨询中心测评自己的价值观、兴趣和技能以增强对自己的了解，确保对各种选择的信息不存在偏见，若条件允许，大学生可以按照心理分析报告的要求，写一篇自我成长报告，描述自己的生命历程、生活中重大事件对自己的影响，找出各种选择的正式信息和非正式信息之间存在的差异，寻找帮助自己把个性与可能的各种选择联系起来的主题与分类。

（3）综合(Synthesis)

即精心搜索和综合选择。精心搜索查看各种可能性以发现尽可能多的解决问题的方法。要综合细化，积极采用头脑风暴、“全面撒网法”，尽可能扩展问题解决的选择清单；要综合具体化，缩减选择清单到3~5项，各选项都要有助于问题的解决。综合阶段是一个“扩大并缩减我的选择清单”的过程。

（4）评价(Valuing)

即找出最优选择并做出临时选择，指在研究了什么选择最适合自己、环境以及那些与自己的生活关系最密切的人之后，选择可能性最大的情况。在此阶段，大学生要积极明确你的重要的价值观，检查你的最重要价值观与其他价值观是如何匹配或冲突的，画一个Excel表，回顾以前在什么时间做过哪些重要的决策以及你的价值观是如何参与决策的，当时哪些重要因素影响了你的决策，哪些重要的人影响了你的决策，同时识别与你每个偏好选项相关的重要价值观。澄清自己的价值观并在公开场合一贯地遵循它，这是与评估阶段相关的很重要的解决问题的技能。

(5) 执行(Execution)

即设计一项计划来实施某一临时选择，包括培训准备、实践检验与求职。要积极以第一选择为目标重新构建计划，包括时间表、里程碑、预算、流程、压力与风险等。在此阶段，大学生可以画一幅流程图，列出自己的时间计划表，什么时间，做些什么，达成怎样的目标，预算是怎么样的，存在的风险是什么。标注重大里程碑事件，并积极与曾经影响过你重大决策的人一起反思你的流程图。

最后要进行 CASVE 循环检验：问题信号是否消失？问题解决过程是否成功？是否需要启动新的 CASVE 循环等。大学生在职业决策时候可以根据自身情况，决定 CAVSE 循环的次数和频率，直至最后决策成功。

三、生涯工具应用

CASVE 循环在职业决策上的应用

★ 沟通

上大学以后，佳音就不断听到媒体和高年级同学说就业形势如何严峻、工作如何难找。开始，佳音以为只要好好学习就行了，找工作是大四时才考虑的事情。后来，一位学长告诫她：找工作的事要及早考虑、尽早准备，周围的不少同学也都纷纷开始打听考研的消息，她才意识到自己需要了解更多这些方面的信息。

★ 分析

佳音开始觉得这只是找工作的问题，但经过与同学和学姐的谈论，以及听了学校就业指导中心的一次职业规划讲座以后，她发现原来职业生涯规划不只是找工作那么简单，而是要考虑个人长远的全面发展。从讲座中，她了解到职业生涯规划需要建立在对自己和工作世界的清楚认识上。她意识到她对自己的认识还不太全面、清晰，至于对工作世界的了解就更缺乏了，而且她也不知道该怎样去进行探索。她认识到，在进行职业生涯规划前，自己首先需要很好地掌握职业生涯规划的方法。

★ 综合

佳音首先想到的是请教自己的父母、师长，还有高年级的同学。她也想到可以上网去了解相关信息。她知道学校有个就业指导中心，她想那里应该有不少的信息。她还想到书店去看看，或许能找到一些相关的书籍。

★ 评估

佳音请教了高年级的同学和自己的父母、师长，他们都给了佳音一些经验和建议。但佳音感到他们并没有什么很系统有效的方法，毕竟他们也都是凭着自己的个人经验来找工作的。网上倒是有不少这方面的信息，但给人的感觉大多比较零散，缺乏系统性和操作性。佳音在书店里寻找了一下，发现这方面的书大部分是讲怎么写简历和面试技巧的，要不就是一些干巴巴的理论，对自己没有什么帮助。佳音想要知道，是不是有什么科学、系统又实用的方法可以指导个人进行职业生涯规划。还好，当她去学校的就业指导中心询问时，那里的老师说他们下学期要开一门新的课程，叫作"大学生职业生涯规划"，就是专门针对有像她这样需求的大学生的。老师还给她推荐了几本比较好的职业生涯规划类书籍。

★ 执行

佳音真是太高兴了，她在网上选课的第一天就立刻报了名。经过大半个学期的学习，佳音感到自己掌握了很多进行职业生涯探索和规划的具体方法。更重要的是，她对自己的了解大大增加了，她越来越明确自己需要的是什么，也更有信心实现自己的目标。她很高兴自己选择了"大学生职业生涯规划"这门课，于是向周围的不少同学推荐了它。回顾自己选修和学习这门课程的过程，佳音感到自己现在已经在运用"计划型"的决策模式来解决自己的职业生涯规划问题。她发现，"大学生职业生涯规划"这门课程所教给她的，就是怎样在生涯发展中用一种计划型的、有效的模式来进行生涯决策。

四、生涯活动坊

分析你的决策 CASVE 循环

请使用 CASVE 循环来分析你在第一个练习中所写出的五个重大决策以及你现阶段面临的职业决策问题。可以参考以下问题进行：

(1) 你是怎样意识到自己的需求的?

____

____

（2）你是如何分析这个问题、收集相关信息（包括关于你自己和关于问题解决的信息）的？

____

____

（3）你是如何形成解决方案的？以你今天的眼光，你是否能看到自己当时所没有看到的其他可能性。

____

____

（4）你是如何在不同的解决方案之间做选择的？你的选择标准是什么？

____

____

（5）你是如何落实行动的？过程是否如你所预期的那样。

____

____

（6）你怎样评价自己当时的决策过程。你对结果感到满意吗？如果不满意，是哪个步骤出现了问题？

____

____

（7）如此分析了五个重大决策的过程之后，你对于自己的决策模式有了什么新的了解？这对你处理现阶段所面临的职业决策问题有什么指导意义？

____

____

第二节　决策影响因素

一、生涯指引

小军家住在农村，父母都是农民，初中文化，还有一个上初中的弟弟。考上大学时，家里欠下了债务，负担很重，亲戚们的生活条件也都一般，指望不上，可以说，现在家里不能再给他提供更多的帮助了，只有靠自己了。为了减轻父母的负担，小军特意向学校申请了勤工俭学工作，虽然很辛苦，但至少在一定程度上减轻了他和家庭的压力。现在马上要毕业了，小军是学建筑学专业的，很想继续求学，读硕士研究生，可是家里实在没条件帮助他了。小军半工半读也难以维持，只能选择参加工作了，在房地产公司搞设计收入不错，他目前的求职方向暂定为房地产建筑设计。现在小军很苦恼。

思考：你能否帮他分析一下可能影响他决策的因素，让他摆脱心灵的困扰，以良好平和的心态进行职业决策？

二、生涯知识

职业生涯规划与发展决策是个复杂的过程。对于个人来讲，职业生涯规划与发展的选择是一个对人生有着重大意义的决策过程。我们从决策的角度来看待职业生涯规划与发展的选择，它就是一个收集信息、处理信息、做出正确决定并付诸行动的过程。除了按照前述的决策原则进行决策外，还要考虑很多的影响因素，这中间既有外在的，也有内在的。认真分析这些影响职业生涯规划与发展进程的因素，有利于我们在进行职业生涯管理时，更好地把握职业生涯规划与发展的规律，从而达到职业成功。

(一) 个人因素

就像世界上没有两片完全相同的树叶一样，在这个世界上也没有两个完全相同的人。人的差异性体现在很多方面，包括性格、能力、爱好、气质等，这些个人因素是影响职业生涯规划与发展决策的核心因素。个人因素主要包含以下几个方面：

1. 教育状况

一个人所受到的教育程度和水平，直接影响着他的职业生涯与发展决策方向和获取他喜欢的职业的概率。主要包括：知识水平、技能水平、经验程度等。知识水平包括大学生就读的(最高学历)院校、最高学历、最终学历的学科门类及成绩等因素；技能水平包括大学期间考取的相关技能证书、职业资格证书等，在校期间的获奖状况等；经验程度包括在校期间的学生工作经验，大学期间拥有的实习实践工作经历等。

2. 性别

虽然一个人的性别应该不会影响自己的事业选择和成功，但在现实生活中不同性别的人会有不同的职业倾向优势，这就要求人们发挥自己的性别优势，在进行职业生涯规划与发展决策的时候选择适合自己的职业。如：护理类女生多，建筑施工行业男生多等。当前虽然随着时代发展，男女性别差异对职业选择范围的影响越来越小，但是客观存在的事实是在部分行业领域中性别歧视的现象依然十分突出，因此很多女生在进行职业生涯规划与发展决策时要更加审慎，对困难的估计也要更加充分。

3. 年龄

职业生涯规划与发展决策是一个发展的过程。在这个过程中，人作为一种生物存在，有自己独特的生命特征，对工作的看法和态度、对机会尝试的勇气、对胜任任务的能力和经验，在不同的年龄阶段都有不同的表现。如一个企业招聘研发人员、售后技术支持人员一般愿意直接从高校毕业生中招聘，而如果招聘管理人员则更愿意招聘有一定人事处理经验的人。因为研发、技术支持需要队伍年轻化，提供充足的活力和想象力，而管理层需要的则是年龄稍微年长，能老成持重，处理较为复杂的事物。

4. 健康状况

几乎所有的职业都需要健康的身体，尤其是从事某些特殊职业，更是对人的健康水平有着相当高的要求，如采矿、勘探等。如果失去了健康这个前提，生命都将可能枯萎凋零。无论哪家企业或用人单位，面对身体状况不是特别好的面试者都会有选择的犹豫。因此大学生要保持良好的精神面貌，时刻关注自身的健康状况。当然，也有人因为克服残疾的噩运而变得更加坚强，从事着一般残疾人无法从事的工作，如霍金、张海迪等。

5. 个性特征

气质、性格是指个性当中个人对现实的稳定态度和习惯了的行为方式，不同的气质、性格的人适合不同类型的工作。认识自己是成就自己的前提，只有具有从事某一职业要求的性格特征的人，才能较好地适应这一职业。如多血质的人较

适合做管理、记者、外交等工作，不适合做过细的、单调的机械性工作；医生需要具备认真、细致的性格特征；科研工作者需要有坚定、持之以恒的性格特征等。正因为人具有性格特征上的个体差异，才会有社会上各类职业对从业人员的性格选择。研究表明，假如一个人所从事的职业与他的性格相匹配，这个人工作起来就会得心应手，工作容易出成绩，事业容易获得成功；如果从事与自己个性特征不相吻合的工作，那么，就会产生自己的活力被束缚、思想被禁锢的感觉，其性格甚至会成为阻碍职业工作顺利发展的不良因素。

6. 兴趣爱好

兴趣是人积极探索某种事物的认识倾向，当一个人对某一事物产生浓厚兴趣时，他一定会对其保持充分的注意，并进行积极的探索活动，而与职业有关的兴趣则成为职业兴趣。人一旦有了浓厚的职业兴趣，就会热爱自己所从事的工作，他对所从事的工作一定非常执着，全身心投入，并能充分发挥个人的聪明才智，坚定地追求自己的职业生涯发展目标。不同的职业兴趣要求对应的职业也不同，如喜欢做具体工作的人，相应的职业有室内装饰、园林、美容、机械维修等；而喜欢抽象和创造性工作的人，相应的职业有经济分析师、新产品开发等。如果在选择和安排工作时，完全不考虑个人的兴趣爱好，甚至与此背道而驰，只能导致事倍功半的效果。

7. 其他

一个人做决策时候的状态也深深影响着职业的选择。倘若当时某个人正遭遇了人生重大变化，可能他的决策就会有失真实和科学。近些年在情绪与职业决策的关系方面的研究充分说明了这一点。人生重大事件是指生活发生重大变故的事件，如：战争、身体虐待、严重交通事故、重要亲人亡故、恐怖袭击、重大自然灾害等。由于每个人的性格类型、应急机制、思维、经验等存在较大差异，使得人们面对重大变故、变迁的反应差别很大，甚至大相径庭。

（二）家庭环境因素

家庭环境是人的人格特点、价值观、需求、学习能力的主要养成场所，是影响职业决策的重要因素，家庭对择业态度、观念、行为产生的影响，有时可能成为职业决策的决定因素。

1. 家庭经济水平影响职业决策

每个家庭的经济状况不同，经济水平的高低对职业决策也会产生很大影响，生活在贫困家庭中的学生往往会养成许多优良的品质，比如：独立工作能力强，能吃苦耐劳等。但在这种家庭中，由于物质条件匮乏，成长环境较差，制定出科学合理的职业决策的概率往往会减少，比如：靠助学贷款求学的学生，毕业求职时很容易倾向于工资待遇高的单位而忽视其他因素进行决策。生活在经济水平高的家庭中，获得的信息可能相对较多，物质的满足相对更充足一些，但也并非一定就是好事。如果过于溺爱，可能导致子女形成更多的依赖性格，在职业决策时，可能会显得盲从。

2. 父母职业和教育程度影响职业决策

父母职业是孩子最早观察模仿的角色，孩子必然会受到父母职业技能的熏陶。父母的职业经历对子女的职业决策有较大影响，大多数父母都有意识地将自己的生活阅历、职业感受和工作价值观灌输给子女，子女也倾向于将父母的职业发展经历作为自身职业发展的借鉴和参考。要促成有效的职业决策，决策者本身需要从家庭层面深刻剖析自身的择业价值观。

3. 家庭社会关系影响职业决策

家庭社会关系对大学生的职业决策也有较大影响，它能提供给大学生的就业信息往往针对性较强，这些信息一般能直接提供最全面的行业及职位信息，并能对其进行推荐，成功率较高。而缺乏家庭社会关系的大学生职业发展压力更大、竞争更激烈，往往会形成非科学、非理性的职业决策。

总之，在做职业决策的时候，要看到家庭因素的影响作用，积极借鉴父母的人生经验，认真倾听家人的意见，同时结合自身个性特征，综合分析各种信息和影响因素，最后给出自身职业发展的理性定位。

（三）社会环境因素

除了个人和家庭因素影响着职业决策外，社会因素对职业生涯决策的影响也是不容忽视的。

1. 政策导向

一个国家的社会政策影响着一个行业的兴衰，很多行业的未来发展趋势是和国家的政策导向相关的。不同时期的就业政策，体现着不同时期社会的需要，是人才资源配置的具体准则，也是毕业生就业过程中所遵循的基本规范，所以大学生要积极通过新闻媒体、网页浏览、阅读政府工作报告等，了解各个行业的发展态势，了解国家倡导优先发展什么产业，掌握积极必要的政策信息和行业信息，搭建自己的信息导向平台。

2. 社会需求因素

一般来说，社会需求是促进行业发展的长远动力，是大学生择业时要考虑的重要因素，所以大学生在选择职业的时候，要多分析、多了解社会需求，了解自身所选择的职业在社会中的地位、作用、发展现状，以及该职业对自身社会生活会有怎样的影响。如果选择的职业既有政策导向的支持，又符合社会需求，还是自己所喜爱的职业，那无论对于择业者自身还是对于所被选择的行业发展都将是非常好的。

3. 城市环境因素

现实生活中，一个城市的生活环境、文化氛围都将深刻影响着一个行业的发展，因为处于不同区域，其城市的发展定位与战略是不同的，一个行业在这座城市是否受到重视，不但影响着行业的发展，也将影响着这一行业从业人员的生活。另外，城市文化底蕴、人文素质、市政建设等都将直接影响将来生活的舒适程度，尤其是所在企业或者单位的周边环境，对人的影响是巨大的。企业或组织也会因为所处地域环境的不同，形成不同的企业文化氛围，各个用人单位在人事管理、财务制度、员工培训与发展、薪酬待遇与岗位轮换等方面都会有各自的风格。例如：深圳是座花园城市，人文环境非常吸引人，薪资福利待遇高，但工作压力大、工作节奏快、消费水平高，而内地城市环境比不上深圳，但工作的节奏、生活的压力相对都较小，消费水平低。所以大学生在进行职业选择的时候，要考虑城市环境的影响因素，切忌盲目决定去大城市工作，因为工作毕竟只是生活的一部分，不是全部。大学生要充分结合自己所在的行业和自己对生活的要求，尽可能多地了解自己有意向的城市、有意向的用人单位的各项制度，从而进行综合抉择。

除上述各种因素之外，机遇也对职业决策有很大的影响。虽然机遇具有一定的偶然性，但其实其存在也有必然性，它是可遇不可求的，一个工作机会不是每个人都有机会获得的，它是随机出现的，具有极大的偶然性。

影响职业决策的因素并非单独存在，而是经常交织在一起，使决策变得困难而复杂。所以我们还要充分运用职业决策理论和策略，克服干扰决策的这些因素，从而进行科学理性的决策。但在实际生活中，我们不难发现，虽然很多人懂得做这种逻辑的、按步骤进行的利弊分析，但在得出排序结果后却仍然难以做出最终的决策。这是因为，单纯理性的决策忽略了情感的作用。

人不仅有理性，也有情感。在传统教育中，情感由于其缺乏理性的可控性而经常遭到我们的排斥和轻视。殊不知，它也是人类天性的一部分，是有其重要功能和作用的。情感往往携带着相当大的能量，否认和压抑并不会让它自动消失，反而有可能在暗地里给人造成种种阻碍。我们常见的压抑愤怒，最后在一件事上爆发就是这样的例子。

而且，在很多选择上，并没有绝对的“好”与“坏”之分。常言道：“萝卜青菜，各有所爱。”在价值观部分，我们也曾讲过，每个人都有其独特的价值取向，个人所需要、所看重的东西不同，很难判断孰是孰非。比如，买手机的时候，有的人看重品牌，有的人看重性能，有的人在意价格，还有的人注重外观。而在性能方面，有些人对手机的使用仅限于接打电话、使用QQ、微信，看新闻，另外一些人却要用它来看电影、听音乐、玩游戏、自拍。可以说没有哪一款手机是适合所有人的、最好的，大家会根据自己的需要去选择。选手机如此，选职业也是如此。如果我们不去聆听和尊重内心深处的爱恨或直觉，而是一味听从专家意见、大众标准和热门排行，往往就会落入陷阱而无法做出正确的选择。这时，收集再多的信息、再比较权衡也无济于事，因为我们的认知和情感是不一致的，我们的内心产生了冲突。许多人难以做出恰当的决策，原因就在于此。

只有当情感和认知一致时，我们才会感到内在的和谐，我们才感觉自己是一个统合的、高度一致的人，我们也会更容易信任自己的选择，从而更有力量去承担决策的责任。做到这一点，始于对自己情绪、需求和独特性的尊重，因此职业决策不仅需要理性的分析，更需要感性的选择，以及决策之后的执行。每个人做决策的时候，都会受个人风格以及决策相关信息的影响。对于有些人来说，悬而不决也是一种决策，不过是最糟糕的决策。也许最好的决策，并不是完美的决策，而是决策后因为自己的不断行动，而给生命带来的可能。

决策何以难为？这是因为决策总是具有风险性，要求我们为其后果承担责任；同时，影响决策的因素相当复杂，而且其中有相当多的阻碍。因此，在进行决策之前，需明确以下几点：

第一，决策本身就是一种朝向未来的冒险。无论是我们自己还是周围的世界，都处于不断地变化和发展之中，决策没有万无一失，更不可能百分之百正

确，一切都是不确定的。因此，要决策，就必须有勇气。

第二，决策意味着取舍。很多时候，我们之所以要进行选择，是因为完美的选择是不存在的。如果我们不能在利弊因素之间区分重要性，就会很容易陷入完美倾向带来的决策困难中。因此，要决策，就必须学会舍弃。

第三，决策是由两个部分构成的，一是选择，二是行动。如果只有选择而没有相应的行动，无法从根本上摆脱决策带来的压力；而如果只有行动而没有明确的选择，很难保证持久的行动力。因此，要决策，就必须有行动。

第四，决策是要根据当下掌握的信息选择未来。所以，决策永远是当时当下、此时此刻的，没有一成不变、一劳永逸的。因此，学会决策的方法，比做出选择更有意义。

三、生涯案例

小辉是个来自农村的孩子。当时家乡种地需要的暖棚材料价格昂贵，父母觉得会制造暖棚一定能赚大钱，于是便萌生了让小辉报考材料学的想法。一向缺乏主见的他遵从了父母的意愿，考入了交大高分子材料系。其实，小时候在少科站接触了计算机，电脑一直是他最大的兴趣。于是他在本科期间双管齐下，获得了材料和计算机双学士文凭。到了大四，由于成绩突出，校方给了他材料系硕博连读的机会，看着别人羡慕的眼光，他把兴趣甩在一边，顺理成章地踏上了学校为其铺就的光明大道，后来由于导师推荐改换专业方向，辗转 6 年才完成博士学位。期间，兴趣的驱动让他考出了微软的计算机认证，有过网站维护的兼职经历，但后来随着本专业课程的加重，便再也无暇顾及计算机的学习。

毕业后，注重研究型的科研机构他不愿去，而想去的企业却需要应用型人才，他也想过靠计算机本科文凭求职，在喜欢的领域做，但他读博期间就再也没有学习过，早已生疏，相比计算机专业人才，完全没有竞争优势，况且多年学成的博士专业完全放弃，也未免可惜。他空有名校博士的荣誉，却无路可走，百般后悔。

【案例分析】

首先，在就读高中与大学期间，由于小辉自我认知不足，缺乏明确规划，在做出选择时没有充分考虑自己的兴趣等个人因素，而是在父母、老师、同学们期待的影响下，一次次做出了现在看似错误的决定。

其次，由于对社会与企业需求缺乏了解，导致个人求职兴趣无法满足社会与企业需求，小辉难以取舍，无从决策。

【案例指导】

建议小辉在充分认识自我与职业的基础上，根据社会与企业需求，选择兴趣与专业相结合的工作，如找一个可以发挥计算机与材料学优势的工作；或先做材料学应用类的相关工作，以解决生计问题，再逐步将工作培养成兴趣；或利用空闲时间加强兴趣如计算机的实际应用，使之成为强项，再寻找计算机应用工作。

在个体职业规划与生涯发展中，选择很重要。面对个人、家庭、社会等各种因素的影响，一定要综合考虑，科学规划，合理取舍。选对了方向，终身受益；选错了方向，事倍功半！

四、生涯活动坊

我的重大决策

请回想迄今为止在你人生中所做的一个重大决定(高考)，按以下几个部分进行描述并写在下面。

当时的目标或情境是什么？

你所拥有的选择是什么？

你做出了什么样的选择？依据是什么？

现在你对当时的选择有什么评价？

再综合分析一下，当时做决策时受到了哪些因素的影响，你是如何处理的？如果时间能够倒流，你现在会如何决策？为什么？

家族职业树

家族成员对个人职业选择乃至生涯发展都有深远的影响，职业家庭树(occupational family tree)(图 3-2-1)即以图画方式，帮助你了解家庭对个人职业的影响，促进对自我生涯认知。

其操作步骤如下：

1. 在“树梢”处填上个人爱好的职业(可填数种)。

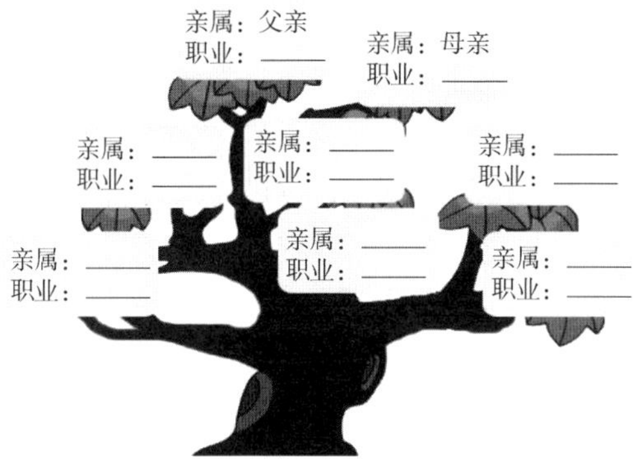

图 3-2-1 职业家族树

2. 将家族中各人的职业分别填入树的“枝干”上(各“枝干”代表家庭成员，标出称谓)。由于各人职业可能有所变动，因此可同时填上目前的职业与先前从事过的主要职业，并将与自己有密切关系的重要人物圈起来。

3. 将家族人员职业的共同特点填在“树根”处。

4. 分组共同讨论“职业家族树”。

(1) 对家族中各人的职业有何感觉(骄傲、尴尬、羡慕、不屑等)。

(2) 在兴趣、能力、体能、外貌等方面我与家族中谁最相似，他们从事的职业与我的偏好有何关联。

(3) 我的家庭对工作上最感满意的是什么(如休闲时间、生活条件、家庭气氛等)。

(4) 我想要从事这种职业吗？为什么？

(5) 他们平时会提到哪些职业？他们是怎么说的？这些想法对我的影响是什么？

(6) 选择职业时，我还重视哪些因素？

第三节 决策应用方法

一、生涯指引

小陈是一名大三的工科学生，他最近感觉比较迷茫，周围的同学似乎都有了目标和方向，而他还没有拿定主意，是先工作还是考研？在小陈看来，先工作意味着先挣钱，但发展空间和潜力似乎没有研究生大；读研究生不仅要花学费、生活费，而且还要少挣三年的工资，但起薪一般要高于本科生，发展潜力也要大一些。这两个选择看起来各有道理，他实在难以抉择。

思考：如果是你，面对就业与考研，你会用什么方式做出决定？

二、生涯知识

做决定确实是挺难的一件事，要做一个合理客观的决定，往往需要理性分析的参与。选择想要从事什么样的工作，60%要依靠感性，40%依靠理性。而对于大多数人来说，很多时候不是忘记了理性的存在，而是缺乏一些理性分析的方式和方法。帮助合理进行职业决策的方法有很多种，其中SWOT分析法、决策平衡单、生涯平衡轮是最简单、实用且也是最有效的常用方法。

（一）SWOT分析法

SWOT分析法最早是由美国旧金山大学的管理学教授韦里克在20世纪80年代初提出来的，SWOT四个英文字母分别代表：优势(Strength)、劣势(Weakness)、机会(Opportunity)、威胁(Threat)。所谓SWOT分析，即态势分析，就是将与研究对象密切相关的各种主要内部优势、劣势、机会和威胁等，通过调查列举出来，并依照矩阵形式排列，然后用系统分析的思想，把各种因素相互匹配起来加以分析，从中得出一系列相应的结论，而结论通常带有一定的决策性。

1. SWOT分析步骤

一般来说，对自身的职业以及职业发展问题进行SWOT分析时，应遵循以下6个步骤。

(1) S和W：优势和弱势(评估自己的优势和弱势)

不管是从遗传学的角度。还是从后天成长环境来分析，都注定了每个人的气质类型不同，性格特征相异，天赋、能力也会不同，但是每个人都会有自己擅长的领域。有的人就是喜欢整天坐在实验室里做科研，而有的人就是不能忍受缺乏

人与人之间的交流的工作；有的人对数字敏感，细心细致，有的人看到数字就头大。另外，从环境来考虑的优势和弱势也是非常重要的。因此，优势和弱势主要从以下方面考虑，个性特征分析、主要经历和体验分析、教育背景分析、成功和失败的事件分析等。

找出我们的弱势和找出我们的优势同样重要，我们可以基于自己的优势和弱势做两种选择，一是努力弥补和提高自己的弱势之处；二是努力发扬自己的优势之处。

(2) O 和 T：机会和威胁(评估行业的机会和威胁)

每一个行业在发展中都存在机会和威胁，看清楚了你向往的行业所存在的机会和威胁，将协助你成功地进入到使自己的能力充分发挥的领域。如果你所从事的职业刚好处于一个常受到外界不利因素影响的行业里，那么你的发展将受到很大的限制。相反，充满了许多积极的外界因素的行业将为职业者提供广阔的职业前景。因此，在决策之前，先列出自己感兴趣的一两个行业，然后认真地评估这些行业所面临的机会和威胁。

(3) 列出今后 3~5 年内个人的职业目标

列出自己从学校毕业后 5 年内最想实现的 3~5 个职业目标，这些目标可以包括你想从事哪一种职业、做到什么样的层次、希望自己拿到的薪水有多少等，并列出这些职业目标对个人和环境的要求。

(4) 选择和自己的优势以及外部机会最匹配的职业目标

在了解了自己的优势、弱势及外部环境的机会和威胁以后，需要我们发挥优势因素，克服弱点因素，利用机会因素，化解威胁因素，才能够做出效益最大化的决策。

① S/O 对策(最大与最大对策)，即着重考虑优势因素和机会因素，目的在于努力使这两种因素都趋于最大；

② S/T 对策(最大与最小对策)，即着重考虑优势因素和威胁因素，目的是努力使优势因素趋于最大，使威胁因素趋于最小；

③ W/O 对策(最小与最大对策)，即着重考虑弱点因素和机会因素，目的是努力使弱点因素趋于最小，使机会因素趋于最大；

④ W/T 对策(最小与最小对策)，即考虑弱点因素和威胁因素，目的是努力使这些因素都趋于最小。

S/O 对策是四大策略中最重要的，因为很多劣势是难以弥补的，与其着重于弥补劣势，还不如突出优势。因此在几个自己感兴趣的职业目标中选择与 S/O 对策最匹配的职业目标，这样自己的努力也将更容易出现回报，事半功倍。

（5）列出一份今后 3~5 年的职业行动计划

再美好的愿望只有付之于行动才能成为现实。这一步主要涉及一些具体的内容，特别包括的是要达到自己的职业目标而需要提高的内容。列出一份实现最匹配的职业目标的行动计划，并且详细地说明为了实现这一目标需要做的每一件事，以及完成这件事的时间节点。

（6）寻求帮助

发现了自己的弱势以及制订了自己的行动计划以后，有时候需要周围的人来帮助你改善自身的弱势，而协助和监督以及及时地反馈信息，对于弱势的改善和计划的顺利实施都有很大帮助，因此你可能还需要外界的帮助，包括父母、朋友、配偶、专业咨询人员等。同学们可以尝试根据以下的表格来进行自己的 SWOT 分析，从而做出科学的选择。如表 3-3-1、表 3-3-2 所示。

SWOT 分析法应用　　表 3-3-1

	优势因素(S)	弱势因素(W)
内部环境因素	指个体可控并可利用的内在积极因素： 1. 系统的专业训练 2. 丰富的社会实践经历 3. 必要的职业资格证书 4. 特定的可转移能力(如沟通等) 5. 人格特质(如创造性、乐观等)	指个体可控并努力改善的内在消极因素： 1. 缺乏工作经验 2. 专业不对口 3. 对职业环境的认识不足 4. 求职技巧不够熟练 5. 负面的人格特征(如情绪化等)
	机会因素(O)	威胁因素(T)
外部环境因素	指个体不可控但可利用的外部积极因素： 1. 经济发展导致就业岗位增加 2. 新兴职业产生 3. 专业领域急需人才 4. 地理位置的优势 5. 再教育的机会	指个体不可控但可使其弱化的外部消极因素： 1. 企业不招聘与你同等学力或专业的员工 2. 由同专业的大学毕业生带来的竞争 3. 具有丰富技能、经验、知识的竞争者 4. 拥有较好的寻找工作技巧的竞争者 5. 名校毕业的竞争者
S/O(最大与最大对策)		W/O(最小与最大对策)
S/T(最大与最小对策)		W/T(最小与最小对策)

SWOT 分析法在大学生职业决策中的常见应用　　　表 3-3-2

外部环境分析(O.T.) / 内部环境分析(S.W.)	机会(Opportunity)	威胁(Threat)
优势	优势机会策略(S.O.)	优势威胁策略(S.T.)
劣势	劣势机会策略(W.O.)	劣势威胁策略(W.T.)
我的选择方向：		

2. 职业决策中使用 SWOT 分析法的不足及对策

(1) SWOT 分析法的静态性导致的缺陷及对策

生涯决策是由一系列不断递进的阶段组成的，是某个选择方案被选择、履行和不断调整的结果。决策并不意味着最后的结果，一个决策者可能会从后面的阶段重新返回前面阶段或子阶段。因此，生涯决策的过程充满着动态性、连续性和发展性。从整个纵向的职业生涯发展过程来看，不同时期人们进行生涯决策的内容又是不同的。在职业进入期，个体主要是面临着选择合适职业的任务；在职业巩固期，个体则需要适应和加强自己的职业素养；在职业维持期，个体主要是保持自己已经取得的地位，不断获取新的知识能力；在职业衰退期，则主要是为退休后的生活做计划和安排。随着职业决策内容的转变，个体对自己的评估和对周围环境评估的重心也会发生变化。在实际的工作过程中，人们的每一次经历、每一种职业体验以及由于年龄的增长而引起的价值观和需要观念的改变，导致对自我的重新认识，从而会修正自己的职业目标，因而生涯决策所依据的重点也会发生变化。

但是，SWOT 分析法本身却是一种基于某个时间截面段的静态分析方法，它不能够结合过去、现在和未来的发展趋势做出综合评判。而且在生涯决策中实施 SWOT 分析，个体是依据自己已经存在的现实形态和观点来分析自我和周围环境，而很少考虑到未来环境的发展所带来的可能机会和危险，这种目光短浅的做法会导致个体忽略很多新的可能性。

要克服SWOT分析法静态性导致的不足，个体在使用SWOT分析法时就应该重视信息的及时反馈，一方面要加强自我觉察能力，要时刻站在未来老板的立场上衡量自身值得赞赏和仍需要改进的地方；另一方面还需要密切注意市场环境的变化，通过网络、报纸杂志等媒介来追踪最新的就业趋势，根据具体的环境变化及时修正和调整自身的SWOT矩阵，从而做出更加准确的职业决策。

(2) SWOT分析法的主观性导致的缺陷及对策

SWOT分析法的主观性导致的缺陷及其个体评估对策是SWOT分析法的主要手段，然而由于评价手段自身的主观性问题也同样导致了SWOT分析方法的准确性降低。心理学研究指出，人们往往会夸大自身优势，忽视自己的缺点。因此在进行SWOT分析时，个体可能会做出不太准确的自我评估，从而导致职业决策的失误，并且人格特征也会对SWOT分析的结果造成影响。一个悲观主义者总是在机遇中看到不幸的事件，而一个乐观主义者却总是能够在不幸的事情中看到机遇。具有不同人格特质的评价者在面对相同的职业环境时可能会得出截然不同的分析结果。再者，在进行SWOT定量分析时，每项因素配以的权重也会因为个体差异而产生不同。这些因素都会直接影响到SWOT分析的准确度，继而影响到个体生涯决策的成功与否。所以个体在进行生涯决策的过程中使用SWOT分析法时，最重要的就是要跳出自我。

首先，个体必须清楚地认识到，SWOT评估只是为了帮助自己辨清自身的优势和劣势，其结果直接关系着自身未来的职业道路，意义非常重大。在评价过程中，个体应该尽量避免过度的谦虚和过度的理想自我，要敢于面对自己的不足，这样才能在职业计划中有一个良好的开始。在优势分析和劣势分析的开始阶段，个体可以尝试列举一些具体的词汇来描述自己，出现频率较多的特征词汇就构成了你的优点和缺点。

其次，个体可以寻求外在资源的帮助。一方面，可以使用一些职业测评手段和个人特质诊断工具来帮助自己客观地认识自我、辨清外在机会和威胁；另一方面，个体还可以请教他人帮助诊断。以前的绩效评估、同事和上级的评价，甚至在校时同学和老师的评语都可以提供有价值的信息反馈，或者还可以求助于职业辅导专家。

再次，在构建定量的SWOT矩阵时，个体应该尽可能地参考该行业长期经营和管理所形成的每项评判内容的重要程度，或者参考职业生涯规划专家们的看法，而不能仅仅只凭自己的主观印象行事。

个体在使用 SWOT 分析时，应该确保要分析的成分的准确性和新颖性。对享用的数据和资料进行充分的分析是 SWOT 分析取得实效的关键所在。而且，SWOT 分析只是生涯决策过程当中的一项实用技术，要想使生涯决策最优化，仅凭一个 SWOT 分析是远远不够的，还要考虑到其他方法的综合运用，尤其是要对变化的市场环境和竞争环境时刻保持着比较清醒的认识。因此，SWOT 分析法在职业决策的初期作用虽然非常明显，可以通过反复的沟通确认，帮助学生顺利明确自己的职业选择方向。但当大学生已经有几个可供选择的方案时，仅用上述的方法，就会感到决策困难，难以做出评估。而这时采用职业决策平衡单法可能决策效果会更好一些。

(二) 职业决策平衡单法

职业决策平衡单法是帮助面对重大决策难题的决策者尽可能具体地从各个角度评价分析各个可供选择的方案，预先对各方案实施以后可能带来的后果进行利弊得失的分析，还要对预期结果的可接受性进行检验，然后做出自己的成熟决策的一种决策技术，如表 3-3-3 所示。

职业决策平衡单　　表 3-3-3

选择项目		选择方案一		选择方案二		选择方案三	
加权考虑分数		得(+)	失(-)	得(+)	失(-)	得(+)	失(-)
个人物质与精神得失	1. 个人成就感						
	2. 适合自己兴趣						
	3. 符合自己的价值观						
	4. 社会地位						
	5. 经济报酬						
	6. 未来的发展性						
	7. 工作的压力						
	……						
他人的得失	1. 带给家人声望						
	2. 便于与女友相处						
	3. 更多时间照顾父母						
	4. 家人的态度						
	……						
合计							
得失差数							

在运用平衡单前需要具备前述的事业成熟的条件，同时已经有了可供选择的多个职业发展方案。

运用平衡单进行职业决策的具体操作步骤如下：

第一，针对某一个可选的职业发展方案，整理自己所有的重要想法，从对自己、对其他重要者、对社会这三个不同的角度，分析选择后会带来什么得益？要付出什么代价？这些得益是否可以接受，原因是什么？这些代价是否可以接受，原因是什么？

第二，同样将其他可供选择的方案一一按照上述步骤进行思考分析。

第三，列出 2~3 个可考虑的职业选择与发展方案。

第四，从个人和他人物质与精神得失四个角度列出选择职业时应该考虑的要素。

第五，对每个考虑因素设计权重。

第六，考虑每个职业选择中这些因素的得失程度，从−5 到+5 赋予其分数。

第七，依分数累计，得出每个职业选择的总分。

第八，排除职业选择的优先级，做出合理的选择。

在考虑得益和代价时，不应仅有物质的视角，还应该将精神的得益与代价包含在内，如图 3-3-1 所示。

物质	**精神**
薪水、福利待遇、工作环境、休闲时间、变化、工作胜任程度、升迁机会、对健康的影响等	给家庭带来的经济支持、工作对家庭地位的影响、与家人相处的时间等
成就感、自我实现、生活方式、工作的挑战性、社会地位和声望的影响等价值观以及个人兴趣爱好、家人是否支持等	涉及父母、师长、配偶、孩子等
自我	**他人**

图 3-3-1　职业决策平衡单应考虑的物质与精神内容

需要注意的是，为了便于在各个方案之间进行比较，可以在进行上述评价时，对每个项目加权计分。

1. 职业决策平衡单的实践应用

当我们拥有自己感兴趣的职业方向，也已经对几个候选的选项有了深入了解之后，我们往往会陷入无法选择的境地。这时可以使用“生涯决策平衡单”来帮助我们做决策。如表3-3-4所示为某毕业生职业决策平衡单，其后是使用指南。

某毕业生职业决策平衡单　　表3-3-4

关注因素	权重	读研究生	某公司销售	某公司技术
经济报酬	8	4	8	7
未来发展	7	9	8	7
能力发挥	9	8	9	8

① 列出选项：3个最优(越明确越好)。

② 列出关注因素：你在选择职业时关注的因素，一般以8个为主，同时按照你对这些因素的重视程度给它们打分(权重分，最重要为10分，最低为1分)。不需要排序，只要打分即可。可以有相同的分数，但不能出现两个以上的相同分数。

③ 进行评分：在每个选项因素的交叉格，按照这个选项对应因素的满足情况评分(1分最差，10分最好)。例如，读研究生对“经济报酬”的满足较低，可以评为4分，其他以此类推；将所有的交叉格子都进行评分。

注意：在打分时一定要注意横向比较。比如，“能力发挥”这一项，先考虑读研究生在这一项的满足度分数，然后再考虑销售工作在这一项的满足度分数。这样依次类推，每一个看重因素横向比较打分。所有打分，请打整数分数。

④ 计算：在每个评分右边的“加权分数”里，计算该评分的加权分数。加权分数=权重×分数。例如，“读研究生”对“经济报酬”这一项的满足度是4分，而“经济报酬”这个因素的权重是8分，那么加权分数为：4×8=32。计算所有的评分。

总分：将选项的加权分数累加起来，就是该选项的总分。

⑤ 整体看生涯决策平衡单，有没有哪一项的分数是需要调整的，现在进行调整。调整过后请选出最终选项。

⑥ 思考如下问题。

A. 这张表格反映了你的内心想法吗？为什么？

B. 如果做完之后仍想选择得分少的一项，是否有什么价值观被遗漏了，或者没有被澄清？

C. 做好决策之后如果有遗憾，有没有方法可以弥补？

2. 职业决策平衡单常用的考虑因素(供参考)

(1) 职业核心价值观(舒伯1970年编写)

经济报酬、成就感、智慧、能力运用、生活方式、社交关系、上司关系、同事与团队、名声地位、工作环境、安全感、自主性、利他助人、审美、多样性、冒险与挑战、体能运动、创造力。

(2) 大学生职业价值观参考

收入、健康状况、休闲时间、未来发展、升迁状况、社交范围、家人相处时间、能力提升需求、改变生活方式、成就感、挑战、父母支持、爱人支持、其他。

3. 职业决策平衡单使用须知

(1) 充分了解自己

人类通常很难准确地认识自己，所以才有了自信、自负、自卑等说法。许多人过了一辈子，仍然不知道自己喜欢什么、擅长什么、想要什么，浑浑噩噩地被生活控制着，更谈不上做出正确的决定。因此，我们需要借助心理学测试，包括霍兰德、九型人格等工具，更加清晰地认识自己，这是做出决定的基本要求。

(2) 全面获取信息

没有了解就不知道想要什么，就没有选项。做决定分两步走，先做问答题，再做选择题。问答题就是“选项是什么”，选择题就是“我选哪一个”选项是目标，我们在做决定之前要充分了解它，了解它与我们个人兴趣、能力和价值取向的匹配，这是决策平衡单打分的依据。具体讲，如果是职业选择，就要做职业调查；如果是商品选择，就要了解性价比；如果是商业选择，就要做市场调查。理性决策不是掷骰子，既需要决策工具，也需要掌握一手用于评估的资料。往往在了解信息的过程中，还会出现更好的选项，所以决策平衡单中选项栏有三列。

(3) 保持适度前瞻

在过去，人们通常认为可以在一个地方住一辈子，把一份工作干到退休，所谓“业无变，居有常”。但现在，如果一个人还这样想，那么他一定不靠谱，因为现代社会变化太快，我们不可能依靠一个决定过一辈子。同时，我们也要认识到，决定必然会对后续造成一定的影响，一个决定的结果，将是下一个决定的条

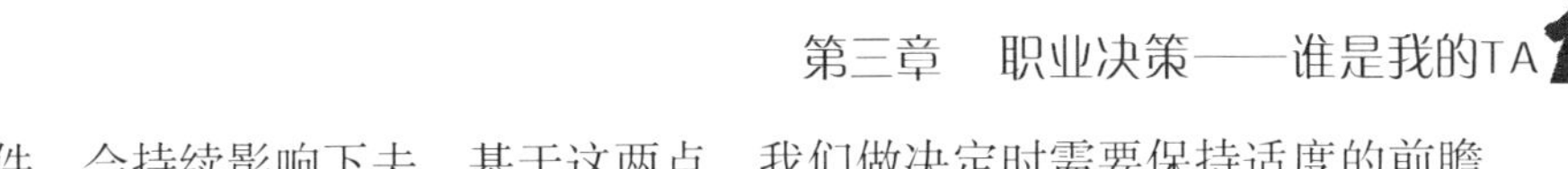

件，会持续影响下去。基于这两点，我们做决定时需要保持适度的前瞻。

(4) 暂不做决定也是一种决定

如果我们在使用决策平衡单时，花了大量时间，最终两个选项都不想要，也没有想出更好的选择，此时怎么办？这是处理“沉没成本”的问题，大量的时间已经用掉了，它不应该对现在的决定造成影响，决策平衡单的结果已经让自己有了清楚的认识，那么暂不做决定就是一种决定。

4. 职业决策平衡单的注意事项

① 要有清晰的决策标准，即考虑因素。

② 相同权重的考虑因素不要超过 2 项，即找到最重要的考虑因素。

③ 选项一定是有能力实现的，即决策要靠谱，想当美国总统还是俄罗斯总统这样的决策，回家找张床就行了。

④ 给每个选项打分时，要进行横向比较，即得分差来自比较级。

⑤ 如果信息不确定，要再做调查。

⑥ 如果有一项低于底线，要慎重选择。例如，金钱一项得不到最低保障，其他评分就不再有意义，对应的选项就不应该上榜。

在使用决策平衡单的时候，要注意其目的不仅在于得出最后的排序结果，填写的过程也很重要。因为列举各项考虑因素、给各项价值观分配权重以及给各项选择打分的过程本身，就是在帮助个人理清自己的思路。这样一个仔细思索和反复推敲的过程，可能比单纯得出一个结果更为重要，更能够帮助个人做出适合于自己的决策。

显而易见，这样的决策方式需要比较多的时间和精力上的投入。因为和许多事情一样，决策虽然有各种方法和技巧，但却没有捷径可走。也正因为这种决定产生的结果具有十分重大的意义，我们才需要这么多的时间和精力上的投入。

(三) 平衡轮

平衡轮就是将一个圆平均分成若干等份(一般分成八等份)，然后将自己工作、生活或生命中一些并列的内容填写在图中，以帮助自己清晰现状，觉察到平时忽略的部分，找出希望有所改变的内容，然后制订计划，采取行动。

平衡轮的概念(图 3-3-2)包含以下三个方面的含义：

① 一个目标的实现需要相关方面的支持，就像一个轮子要转动，需要里面

辐条的支撑一样；

② 平衡轮就像是一架照相机，可以拍摄到当下这个时刻关于目标相关方面的真实情况；

③ 让目标的实现者清晰地了解目前这些相关方面的状态。而要想让轮子转动，需要这些辐条长短一致，强度一致；同样的道理，要想实现目标，需要每个方面平衡发展。

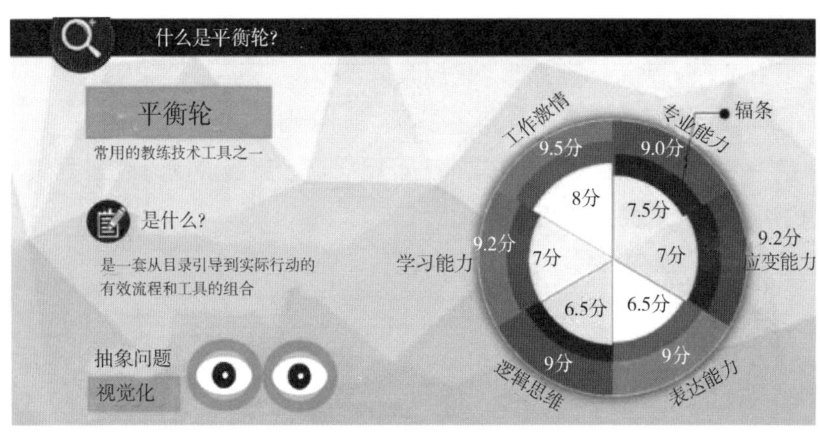

图 3-3-2　平衡轮的概念

举例说明：

“什么对你是最重要的？请填在等分的圆中。”

多数人会想到下列内容：健康、家庭、事业、爱情、朋友、财富、个人成长和休闲。

“每一方面的满意度是多少（如果 10 分是满分，你给每一方面打几分）？请在图中用阴影标出各方面的分数。”

“你对目前的状况满意吗？如果选一个你最想改变的地方，那是什么？”

平衡轮可以让人清楚地看清现状，好处就是直观，让当事人考虑问题更理性、更全面。图 3-3-3 为平衡轮转动模型。

需要注意的是，运用平衡轮所展示的一定是当事人的现状；对每一个部分是否满意，满意的程度如何，哪一部分需要改变，这些都依照当事人的标准，必须由他自己做出判断和决策，而不是遵照教练的意愿。

当你对一些事情想不清楚的时候，当有很多选择你无法做决策的时候，请试试运用平衡轮。图 3-3-4 为平衡轮的作用。

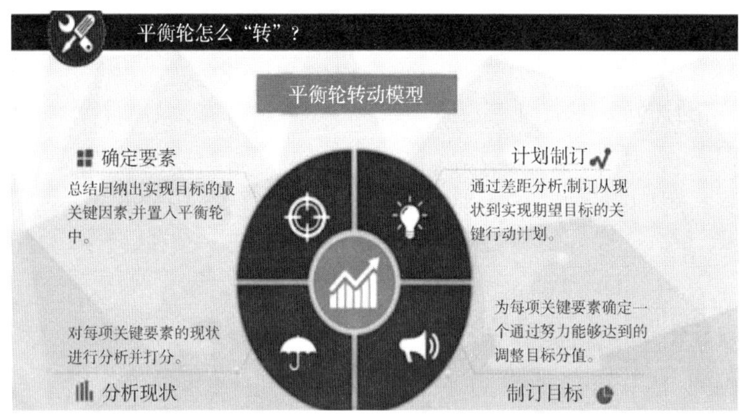

图 3-3-3　平衡轮转动模型

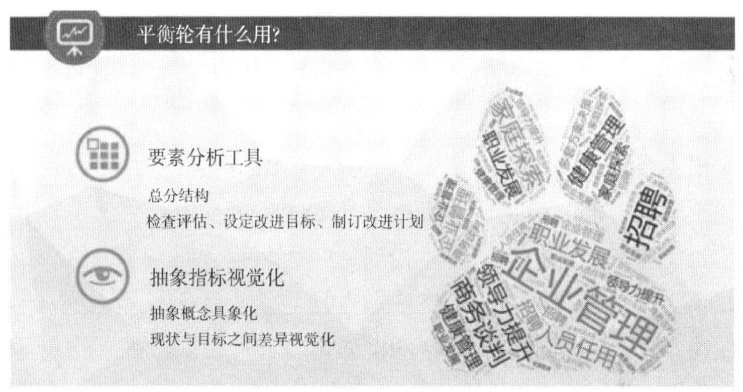

图 3-3-4　平衡轮的作用

确定职业目标并进行职业生涯规划，对大学生来说是必需的，而平衡轮就是一个很好的确定职业目标的工具。平衡轮最大的意义在于将大目标细化，我们要充分利用平衡轮确定适合自己的职业目标。

职业决策平衡轮操作步骤如下：

1. 勾画平衡轮

(1) 在勾画平衡轮前要思考

① 你要画一个关于哪方面的平衡轮？

② 你要考虑的影响因素有哪些？

(2) 画法

第一步：拿笔画个圆，将圆分为八等份，找出职业目标需求的八个方面(如兴趣、能力、收入、个人成长、发展空间、工作强度、安全健康、社会地位）分别填到每一等份中。

第二步：针对每一格，问自己："现在我对这方面的满意度是多少？"（1～10分，1分最差，10分最满意）

第三步：用圆弧来画出目前每个维度的程度，并用阴影或斜线将其分别涂出。

2. 自省

（1）从平衡轮中你注意到了什么？（这里不是想象的，是视觉的，直接从平衡轮中看到的。）或者在平衡轮的练习中，你觉察到什么？

（2）它们的优先顺序是怎样？

（3）根据优先顺序将其具体化，找到符合职业需求的具体职业方向是什么？

（4）有没有一个核心的维度？

（5）有哪些行动可以实施？

3. 确定职业目标

每个人根据自己所画出的平衡轮，结合当前的情况打分，然后按照自己所侧重的方面找到职业方向，确定职业目标。如最注重个人成长，其次是收入和社会地位，然后是能力和发展空间，可以找到相应的职业方向——金领或白领类的职业，再将每个方面更加具体化，最终确定自己的职业目标。

生活在这个丰富多彩、节奏快速的世界里，人们很快被陷入快速旋转的生活潮流之中。为了自己在乎的人和自己的理想打拼的人们，迫切地希望在周围的人、事、物之间找到一个平衡点，使自己能维持在一种较为平衡的状态之中。但是平衡总是在不断地变化，它并不是一种可以完全达到或实现的状态，因为平衡是动态的，它只存在于动态之中。我们所说的平衡只是一个相对平衡的状态，而不是绝对的平衡，但平衡作为一种技能却是我们能掌握的。如果我们掌握了生活的平衡技能，即使在这个快节奏的社会里，我们也不至于感觉压力重重，每天疲于奔命，而会有另外一种更轻松的生活。

应用平衡轮的好处主要归纳为以下三点：①避免单向度；②使目标清晰，避免盲目性；③先看到结果，可提前做准备。因为平衡是动态的，所以它是一个过程，需要一定的时间，但到底需要多长时间要根据具体情况进行具体分析。我们要用长远眼光来对平衡轮进行评估，不能急于求成，建议在不定时期做不同的平衡轮，一定时期后再次做，这样更有效。

三、生涯工具应用

SWOT 分析法在职业决策的应用

重庆交通大学人文学院某届毕业生张某，男，旅游管理专业，在校期间专业成绩优秀，曾多次获得奖学金，并有新闻通讯稿件发表，曾担任过班级班长、院学生会宣传部部长等职务。寒暑假期间，在一家IT公司办公室担任HR经理的行政秘书，负责企业文化宣贯和大型活动策划，兼职三个月，策划的亲情旅游团队活动非常受欢迎，员工满意度高，且在大二下学期选修了行政管理课程。但其性格急躁，易冲动，现在他想谋求一份与HR行政助理相关的工作。

根据SWOT分析法，首先可以对此个案进行自身优势、劣势分析，以及周围职业环境的机会、威胁分析，然后再在此基础上制订出各种相关的策略，如表3-3-5所示。

张某的SWOT分析表 表3-3-5

外部环境分析(O. T.) 内部环境内析(S. W.)	机会(Opportunity)	威胁(Threat)
	HR部门日益受到企业重视； 对人力资源平台行政人员的需求有所增加； 有大型活动策划管理经验； 选修了行政管理课程	HR专业的毕业生； 不断升温的MBA； HR管理在内地企业起步晚，不规范； 企业更重视人力资源管理经验
优势：旅游管理专业，学习了一些管理类课程，专业成绩优秀；学生干部经历，具有管理能力，策划的学生活动非常受学生欢迎；IT公司实习，有实践经验	优势机会策略(S. O.) 继续将专业知识和行政管理结合，发挥自己策划能力优势；继续寻求机会，行政管理兼职工作	优势威胁策略(S. T.) 强调自身的专业学习能力和适应能力，以及大学社团活动中的策划能力；强调在IT公司的实习经历
劣势：专业非人力资源专业，不是非常对口；工作阅历简单；性格急躁，好冲动	劣势机会策略(W. O.) 继续自学，争取成为国家人力资源师三级；加强英语学习和文案写作能力；积极考取导游证，提升自己的文化活动策划能力	劣势威胁策略(W. T.) 自己冲动急躁的个性需要克制和改进，到咨询中心和老师探讨改进策略，积极寻求重视员工学习能力，善于挖掘员工潜能的企业
我的选择方向：经过一番分析，到中小型企业做行政助理比较适合自己，且有很大成功希望		

四、生涯活动坊

请同学们选择最适合自己的决策方法，提前确定大二寒暑假你将选择参加哪一类的实习岗位，为自己未来的求职择业积累实践知识与经验，分享一下你的决策结果及具体决策分析过程，谈谈你为什么会选择这种决策方法？

（一）SWOT 分析法

SWOT 分析法在大学生职业决策中的常见应用见表 3-3-6。

SWOT 分析法在大学生职业决策中的常见应用　　表 3-3-6

外部环境分析(O. T.) 内部环境内析(S. W.)	机会(Opportunity)	威胁(Threat)
优势	优势机会策略(S. O.)	优势威胁策略(S. T.)
劣势	劣势机会策略(W. O.)	劣势威胁策略(W. T.)
我的选择方向：		

（二）职业决策平衡单法

职业决策平衡单见表 3-3-7。

职业决策平衡单　　表 3-3-7

选择项目		选择方案一		选择方案二		选择方案三	
加权考虑分数		得(+)	失(-)	得(+)	失(-)	得(+)	失(-)
个人物质与精神得失	1.						
	2.						
	3.						
	4.						
	5.						
	6.						
	7.						
	8.						

续上表

选择项目		选择方案一		选择方案二		选择方案三	
加权考虑分数		得(+)	失(-)	得(+)	失(-)	得(+)	失(-)
他人的得失	1.						
	2.						
	3.						
	4.						
	5.						
合计							
得失差数							

思考与练习

1. 你的职业目标是什么？为什么选择它作为自己的职业目标？围绕这个职业目标你拥有怎样的机会？选择一种决策方法，做出你的第一份工作的选择。

2. 现在请你为自己的第一份工作设计一个自我名片，包括名片的正反面、颜色、图标、称呼、职务等。思考并回答：为什么这样设计？怎样努力才能达到名片上的称呼？目前达到以上目的自己具备什么优势，有什么困难？

第四章　生涯规划——敢问路在何方

第一节　目 标 任 务

一、生涯指引

小黄是工商管理专业大四的学生，在毕业时以本科生的身份进入一家世界500强的快速消费品行业做管理培训生，成为众多同学，甚至硕士研究生羡慕的对象。在介绍经验时，小黄非常坦诚地说，她一没有社会关系，二没有超常的智力，三没有非凡的能力。之所以能顺利应聘，靠的是认清自我，早定目标，坚持行动，积极关注。小黄从刚进大学的时候就参加了本校大学生职业发展协会组织的生涯规划训练营活动，通过这个活动对自己进行了一次彻底的梳理，之后经过深入的思考和实践，基本确定了进入快速消费品行业的外企做管理培训生的职业目标。

确定这个目标后，小黄又对这个职业目标进行了研究，确定了英语口语、表达能力、团队合作能力、外企的实习经历等作为自己大学期间要努力积累和提升的东西。在做好前期功课后，小黄又给自己制订了一个非常详细的行动计划，包括英语口语的练习、社团的选择、人际关系扩展、实习计划等。在行动计划的指引下，小黄一步步提升自己，终于在毕业的时候顺利地拿到了心仪企业心仪职位的Offer(录取通知)。

思考：为什么小黄毕业时能以本科生身份成功入职世界500强企业，这个案例对你有何启发？

二、生涯知识

(一) 生涯阶段任务(舒伯阶段论)

美国著名职业生涯规划大师舒伯于1953年依照年龄将每个人生阶段与职业发展配合，将生涯发展阶段划分成成长、试探、建立、保持和衰退五个阶段，之后他更是提出一个更为广阔的新观念：生活广度、生活空间的生涯发展观——生涯彩虹图(图4-1-1)。

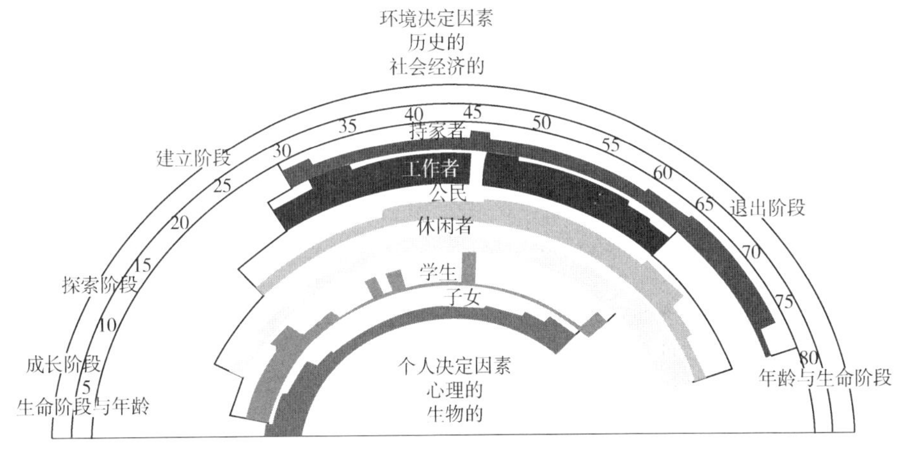

图4-1-1　生涯彩虹图

1. 纵贯一生的彩虹——生活的广度

在一生生涯的彩虹图中，横向层面代表的是横跨一生的生活广度。彩虹的外层显示人生主要的发展阶段和大致估算的年龄：成长期(相当于儿童期)、探索期(相当于青春期)、建立期(相当于成人前期)、维持期(相当于成人后期)以及衰退期(相当于老年期)。

2. 纵贯上下的彩虹——生活空间

在一生生涯的彩虹图中，纵向层面代表的是纵贯上下的生活空间，由一系列职位和角色所组成。舒伯认为在一生当中必须扮演六种主要的角色，依序是：子女、学生、休闲者、公民、工作者和持家者。各种角色是相互作用的，一个角色的成功，特别是早期角色如果发展得好，将会为其他角色提供良好的关系基础。

但是，在一个角色上投入过多的精力，而没有平衡协调各角色的关系，则会导致其他角色的失败。

以图 4-1-1 为例，半圆形最中间一层是为人子女的角色，也是儿童的角色。这个角色一直存在。早期个体享受父母的照顾，随着成长成熟，慢慢和父母平起平坐，而在父母年迈之际，则要开始多花费一些心力陪伴父母，赡养父母。

第二层是学生角色。一般从 4、5 岁开始，10 岁以后进一步加强，20 岁以后大幅度减少，25 岁以后便戛然而止。但在 30 岁以后，学生的角色又出现，特别是 40 岁以后学生的角色几乎占有全部的生活空间，但几年后就会完全消失，直到 65 岁以后。这是由于在现在科技发展日新月异、知识爆炸的社会，青年在离开学校、工作一段时间之后，常会感到自身学习已经不能满足工作需要了，所以重回学校来充实自我。学生角色在 35 岁、40 岁、45 岁左右回升，正是这种现象的反应。

第三层是休闲者的角色。这一角色在前期较平稳地发展，直到 60 岁以后迅速增加，这和退休有关。在现代生活中，平衡工作与休闲是一项非常重要的任务，特别是在快节奏、高效率的社会中。

第四层是公民。这个角色，就是承担社会责任、关心国家事务的一种责任和义务。

第五层是工作者角色。一般在 25 岁以后，人就要开始参加工作，从此以后，这个角色将成为其生涯中最重要的角色，相当长时间内都是涂满的。直到其退休。

第六层是持家者的角色，这一角色可以拆分为夫妻、父母、祖父母、外祖父母等。在人进入老年之后，这个角色将成为生命中最重要的角色。

绘制方法：在每一个阶段对每一个投入程度是用涂颜色来表示，颜色面积越多表示该角色投入的程度越多，空白越多表示该角色投入的程度越少。生涯彩虹图主要是对自身未来的各阶段如何调配做出各种角色的计划和安排，使人成为自己的生涯设计师。

人生应该这样度过

20 岁以前：大部分的人是相同的，升学读书建立基础。在父母亲友、社会价值观影响及误打误撞的情况下完成基本教育。选择读书，应该一鼓作气，在您尚未进入产业时，能读多高就多高，毕竟何时进入产业，您都是社会新鲜人。

20—25岁：你要懂得掌握与规划自己的未来，决定了就是一条无悔的奋斗路。刚得到法律赋予你的种种权利，相对的你要尽你的义务及学习面对责任的承担。这时候的你，是喜悦、矛盾与痛苦交战，喜悦来自于开始被赋予一些自主权，矛盾来自于与父母割不断的脐带关系，痛苦的是开始要尝试错误。你要开始为自己的未来规划，如升学、就业、感情……拿回自己对人生的主控权，而非一直受人左右影响而摇摆自己的未来。

25—30岁：学会处理人际关系，多认识积极的朋友，十年后这些朋友都将是产业的中坚。你像一块海绵，努力吸收也甘心被压榨，为的只是自我的成长。这时候的你，应注意的是工作取向、薪水待遇、升迁调职。因为唯有努力付出，你才敢积极争取，社会新鲜人的动力应该让你冲出自己的一片天，也因为没有经验，所以不断受挫。因为资源不多，所以一切尽人事，听天命。现在的你：领取别人的薪水，学习别人的经验，付出自己的青春，建构自己的未来。

30—35岁：学会累积经验，接触机会，良师益友的提携更是提升你成长的大利器。你要学习判断机会、掌握机会，不能再有尝试错误的心态。这时候的你，应是事业取向和家庭取向，工作应该从体力转换为脑力。你应该看到的是远景，而非现状，面对的是宽广人生，而非局限于自我。结婚是许多人面临人生第一次的重大抉择，面对婚姻，很多人以为结婚就是一个责任的结束，殊不知正是学习的开始。就像一些刚上市的公司，以为目标达成了，忘了自己的企业责任，忽略本业，反而是一个噩梦的开始。

人的本业不就是经营自己的家庭，赚钱的目的不就希望给家人更好的生活吗？但这可不能成为忽略家人的借口，一个经营不好家庭的人，纵使赚到全世界，他得到的只是表面的掌声，他人生的这个圆，永远有一个缺口。家应该是最大的精神支柱、动力来源和坚强后盾！

35—40岁：时间管理，转化心境。转化用头脑去工作，不要用身体去工作。你要享受给人希望，功德无量的格局。这时候的你，应是企业取向，工作只是一种休闲，更可转化为对他人的责任。如果你专注于研究，你应该不只穷毕生之力24小时不眠不休地去做苦力。你应该有成立研究机构，带领一群人做更多研发的雄心壮志。如果你是企业主管，你应该不只停留于汲汲营营，斤斤计较，你应该有能力担负主导周遭的员工、家人，带领他们享受更好的生活的责任。格局的大小，会影响你成就的多少，做一个有影响力的人，而非被影响的人。

（二）大学生涯阶段任务

对于大学生来说，大学阶段的学习至关重要，若能顺利完成由中学到大学的转变，顺利完成大学期间各阶段的任务，顺利找到自己喜欢并胜任的工作，关键在于大学生的自我规划意识和能力，在于大学生对大学生活的合理规划、安排和积极行动。大学生在校期间的生涯规划大致有以下阶段。

第一阶段：大学生大学新生活适应和自我探索阶段(第一学期)。

大学生进入大学校门，在角色上已经是大学生，但是在其心理上属于高中后期、大学前阶段。他们刚刚接受高考的洗礼，正在享受高考的胜利，很多学生踌躇满志，对大学生活充满了憧憬与幻想，几乎每个人在心理上都为自己确立了远大的目标，制订了实现目标的宏伟计划。但是，这时的大学生对大学生活还不够完全了解，对大学的认知只是停留在道听途说的基础上，学生本人对于自我和环境的探索不够。但经过在校园一学期的生活和学习经验，对大学生活有了一定的了解和理解，并且对自我有了一定的认识，初步了解大学生涯规划。随着对所学专业的进一步了解及大学生活的深入，每一位学生的职业目标都有了初步认识。

该阶段生涯目标的特点是：生涯目标的确立多来自于成长经历及外界的影响，心理目标高远，但显得空洞；目标渐渐形成，逐渐与所学专业结合。

该阶段的大学生的生涯规划任务是：适应大学生活，养成良好的学习、生活习惯；分析高中时建立起来的职业生涯目标，发现问题并修正目标；积极进行自我探索，发现自身的优势、劣势、兴趣、爱好、性格、能力，发现自己希望提高的地方；初步了解社会职业、职位设置；了解社会职位素质要求；制订切实可行的大学阶段成长计划；制订实现大学阶段目标计划并积极行动；根据发现确定阶段性具体目标；进行相应的素质测评；参加校园文化活动和社会实践活动；参加能力提升训练，进行专业的心理咨询和职业咨询。

第二阶段：大学生大学生涯规划阶段(第二学期~第四学期)。

这一阶段的大学生已基本适应大学生活，经过大学生活的亲身体验和基础课程、专业基础课程的学习，各方面认识和能力有了一定的提高，对自我的探索逐渐深入，并开始探索职业发展方向。这一阶段的大学生经过前一学期的大学生活的适应，已经完全适应大学生活，掌握了大学生活规律，建立了一定的人际关

系，新环境的适应压力逐渐消退；学习方法、大学期间的学习内容、学习目的比较明确；这时的大学生开始真正从现实角度关注自己的成长，积极参加各种活动，主动进行能力提升训练；与此同时，大学生对于自己的性格、能力、优势、劣势、职业兴趣以及将来的职业方向，社会对各种人才的需求，社会经济、政治的发展，社会各职业发展的趋势等状况的探索更加积极和有效。随着大学生活的时间越长，大学生对于自我的认知和社会的认知达到的水平越高，职业生涯发展方向进一步明确，这时，他们已经意识到探索的重要性，并积极行动，希望自己快速成长。但是，受经历、经验、阅历的影响，这一阶段的大学生需要借助外力的支持，加快大学生成长的速度。其生涯规划计划避免了刚入大学时的盲目性，更加切合实际，更具有可操作性。

该阶段生涯目标的特点是：目标开始与自我性格、爱好、能力等相结合，学习目标更加明确并随着时间推移，越来越深刻；目标的确立开始考虑社会需要与个人需要的结合；初步有了长期职业规划，并在长远规划的基础上更加具体和现实。但由于个体的差异，有些学生仍会因为寻找生涯发展目标和个人价值处于迷茫状态。

该阶段大学生的生涯规划任务是：继续打好知识基础，学好基础课程、专业基础课程和部分专业课程；进一步进行自我和环境的探索，越来越明确地了解自己的职业发展方向及社会相关的职业资讯；学习并掌握生涯规划中生涯目标建立方法和生涯抉择方法；建立合理的价值体系和认知结构；围绕职业生涯规划制订相应的成长计划；对大学生涯进行规划更加合理；完善大学期间阶段性目标；积极行动实现阶段目标；了解将来的就业环境及职业方向；了解社会政治、经济、文化发展状况及职业、职位状况；制订自己的职业生涯规划；参加校园文化活动和社会实践活动；参加专项行为训练，提升实现目标的行动力；参加职业成长训练。

第三阶段：大学生职业生涯规划和职位实践阶段(第五学期~第六学期)。

这一阶段的大学生通过对自我及环境的探索，逐渐找到了自我价值与社会价值的结合，积极探求实现自我价值的有效途径；通过学习生涯规划目标的确立及生涯抉择方法，大大提高了自我掌控及自我设计的能力；通过参加各种实践及成长训练，综合能力快速提升，为即将到来的职业实践奠定了良好的基础。这时的大学生职业生涯发展道路开始出现不同，有的学生希望大学本科毕业后找到一份称心的工作，开始自己的职业生涯；有的学生则希望继续在某一领域进行深造。个人的选择来自于两年的探索，大学生由于志向的不同出现了生涯发展方向的不同，这种不同带来了以后阶段的发展道路不同。希望继续深造的学生开始为考研究生备战，将志向确定为找工作的大学生则更加积极地参加各种活动，有些学生则会到相关的单位进行职位实习。

该阶段生涯目标的特点是：目标的确立直接反映了大学生的个人价值观，并与社会现实相结合；长远目标逐渐明确和坚定；近期目标更加具体。

该阶段大学生的生涯规划任务是：了解自己的职业兴趣，进一步明确自己的职业方向；了解职业所需知识、能力、素质的要求；掌握与就业相关的信息；掌握与就业相关的法律、政策、就业程序；树立正确的职业道德观念；完善并落实成长计划；发现自身职业竞争力的不足之处，制订职业竞争力提升计划；参加校园文化活动和社会实践活动；参加专项行为训练，参加职业实践；提升实现目标的行动力。

第四阶段：大学生职业生涯规划实施完善阶段(第七学期~第八学期)。

这一阶段的大学生通过前三年的专业理论学习和相关训练，掌握了一定的专业理论和专业技能，人际交往能力、思维能力、创新意识、团队精神都到了相应提高；大学生继续通过相应的专业课程学习、专业实习、职位实习，发现了自己的能力与职位要求之间的差距；通过职位实习也发现了自己原来的职业生涯与社会现实之间的差距；经过自我全方位的探索及对所处环境的探索，逐渐发现了适合自己的工作；大学生开始对自己进行全面的反思，重新建立更加切合社会现实的工作理念及自我认知。学生参加各种活动更具目的性，会更加有意识地结合自己的理想职业规划自己剩余的大学生活。

该阶段生涯目标的特点是：由于与社会密切接触，职业生涯目标得到有效修正，修正后的目标进一步反映了个人理想与社会现实的结合。确定的目标更加具体、更具有现实性和可操作性，体现为职业素质的培养和训练。

该阶段大学生的生涯规划任务是：结合自己的职业实践和职业发展理想，寻找现实我和理想职业人之间的差距；参加快速提升训练；进一步了解社会及职位的发展变化；了解本届大学生就业相关政策及相关程序；了解相关就业及创业信息；参加相关职业快速提升训练；与相关单位及个人建立稳定的关系。积极求职就业；对自己大学毕业后职业生涯进行合理规划；确定今后职业发展方向和各阶

段发展目标；寻求适合自己职业生涯发展的有效路径；掌握生涯评估方法和生涯目标修正方法；对生涯规划相关问题进行评估，发现问题；参加相应的能力提升训练。

这一阶段的大学生面临大学毕业，即将走入社会，真正开始进入自己的职业生涯，从职业生涯规划的层面上而言，能否真正适应将来的工作及工作环境，尽快走向成功，成为每一位即将走入社会的大学生关心的问题。大学生希望通过最后的大学生活使自己更加完善。

大学成长记

高倩是经管学院2011级信息管理与信息系统专业的学生。上了大学，空闲时间就变得越来越多了，于是她有了足够的时间做自己感兴趣的事情。她喜欢民乐器的质朴和干净，便冒失地闯进了笛箫社，那里，有客座老师为大家指导技巧，也有高水平的师兄为大家讲解入门指法。那时候，她最盼望的就是每周三次的教学时间了。她可以恣意地做着自己喜欢做的事，最棒的就是还有一群小伙伴陪在左右。渐渐的，她也可以吹奏一些简单的曲子，一种成就感油然而生。当然，这满足不了好动的她。马上她又找到了第二个兴趣，那就是轮滑。因为学习时间上有冲突，所以她并没有去报社团。而是在闲暇的时候自己去广场上摸爬滚打。同宿舍的朋友也被她勾起了兴趣，于是，经常能看到广场上两个小小的人影嗖嗖地从这头遛到那头，又从那头遛到这头。

周末了，她约着几个好朋友，到周边玩耍，看看不一样的风景。“选了个晴朗又宽松的日子，我们宿舍的四个妹子去了凤凰，看看古镇，爬爬沈从文先生长居的听涛山。”她说感谢大学让她成长，挚友陪着她前行，不然，她真的很难想象，自己要怎样一个人去另一个陌生的地方，又会以怎样的心情去看这不一样的世界。

大学的主线，那当然是学习。她每天七点钟准时起床，迎着新鲜的朝阳，开始了我们蓬勃向上的一天。穿梭于校园间，你总能看到几个凑在一起说说笑笑的学子，她们或讨论学习，或讨论一场球赛，或者只是一件靓丽的短裙。她最喜欢教过她的高数老师，问题总是讲得简单却无比透彻，也喜欢她的马克思主义哲学老师，谈吐风趣，让她于无意间理解了什么是生活，并且如何快乐而又坚强的生活。

大三的那年，是她过得最充实而又最轻松的一年，她找到了自己的兴趣——编程，一种让她有发展成职业冲动的兴趣。“幸运的是，大三的时候有各种和编程相关的专业课，越是学习，越是觉得那是一个奇妙的世界，只需要几串简单的代码，就能塑造一个会跑会跳的人物，面前的一切是如此的新奇，它深深地吸引着我。”

就在她与代码同吃同住和谐相处时，找工作的紧张氛围越发浓厚，她投身到应聘者的大军中，穿梭于招聘公司的洪流间。经过她奋不顾身的遍撒简历和经历过无数个比相亲场面还纠结的面试后，终于获得了到中软公司实习的机会。“在这里我要用我的血泪史告诫学弟学妹们，找工作一定要胆大心细。”她说，简历要认真做，态度要摆端正，然后就是出去推销自己，记得先要把知识和能力学到手，是金子总是会发光的，虽然矫情，但却是颠扑不破的真理啊。

“这四年的大学生活，让我学到的最重要的东西，那就是勇敢进取，爱与责任。”高倩感慨道。四年的大学生活，教会了她若是认定了那么就无畏地走下去，始于现在，为时不晚。未来之日不可量，但也正是未知的生活带给我们机会和新的希望。青年须努力，好儿郎当自强。

（三）目标制定法：SMRAT 法

很多时候，我们之所以成功，是因为成功在起点，而非终点。很多时候，我们之所以失败，是因为失败在起点，而非终点。如果我们前进的方向错了，此后我们越努力奔跑，离目标也就越远。在我们现实生活中，很多人的职业目标最终没有得到实现，究其原因，有些是目标设定不准确所致，有些是目标需求分析不准确所致，有些是目标分解不合理所致，有些是目标实施过程出现偏差所致，有些是没有及时检讨并修订目标所致。下面我们在梳理并明确了职业生涯规划的阶段性任务基础上，谈谈规划目标设立的 SMART 原则(图 4-1-2)。

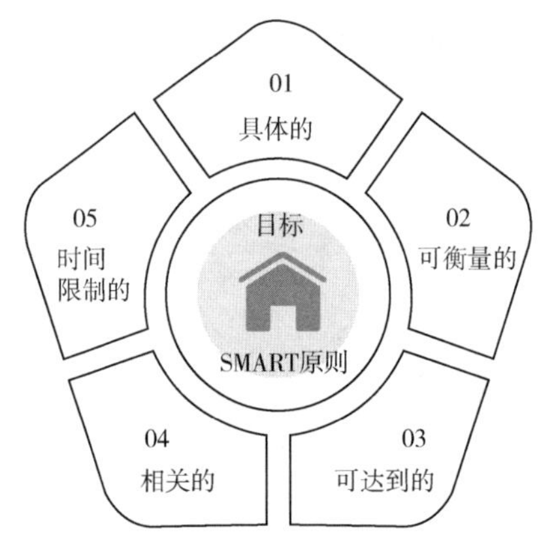

图 4-1-2　SMART 原则具体内容

1. 具体化原则(Specific)

首先，目标必须是具体的，不能是抽

象模糊的。职业规划必须明确、清晰、具体才具有可行性。当谈论具体目标的时候，不要只是单一地说“我要找份好的工作”“我要成功晋升”之类的话，这只是愿景，不是具体的规划，所以没有办法具体去执行。而“我的目标是成为某某公司的超级销售员”“我要在今年把工资提升到 5000 元”——这才能称之为目标。当我们开始职业规划时，应该更加注重细节的具体化。只有细节问题处理好了，这样才能不会只有大方向，却没有脚踏实地的前进步伐，所有在进行职业生涯规划时，首先要确立具体的职业方向、阶段目标和总体目标。由于多数大学生是在对自己并不十分了解的情况下制订的职业目标，所以职业目标通常是一个总的目标，不够具体。这样的职业目标可能使实施方案的设计出现模糊不清的状态，所以应该将目标设置得细致一些，这样可以在实施方案时做到有的放矢。比如我们从事的是系统维护商的工作，我们告诉用户我们会提供优质服务。那么，什么是优质服务呢？很模糊。要具体点，比如保障在正常工作时间 4 小时内给出回复。那么，什么算是紧急情况呢？又要具体定义：比如四分之一的内线分机瘫痪等。如果不规定清楚这些，到时候大家就会互相推卸责任了。

其次，职业生涯设计的自我评估和环境评估的具体化。个体分析、职业环境分析以及职业分析是大学生精选自我评估和环境评估的过程。这一过程可帮助个体对自己进行客观评估，让他们看清自己的现状和未来。这就同样要求大学生在进行在自我评价的时候要全面而具体地进行评估。除了对自己的兴趣、特长、学识、各种社会能力的评估之外，还应该借助科学的心理测评工具来了解自己的性格、智商及情商等。同时，在分析职业环境的时候，对于自己和环境的关系、自己所处的地位，应分析出有利和不利的条件。

再次，职业生涯设计实施方案的具体化。所有规划、设计都要依靠个体具体的实践来完成。这就要求大学生在设计这一步骤时要充分考虑到实施过程中将遇到的问题，更应强调实施方案的细化。例如，为达到一个目标，何种措施的效率最高；如何充分利用日常的学习提高自己的技能；怎样开发自己的潜能等。实施方案越具体，就能为实施奠定越好的基础，所以，是否有一个非常详细的实施方案是一份职业生涯设计成功与否的关键。

2. 可量化原则（Measurable）

可量化是指可衡量、可测量，有一定的评定标准，尤其针对结果而言。而量化要求有理性的数据和数字，拒绝“大概”“差不多”“快了”之类的模糊修辞语。

面对职业规划，我们不需要任何自我欺骗和任何借口，因为数据、数字、事实会说明一切。比如，你做的是销售工作，整天很忙，到了月底却没有多少销售额，这就不行了。你说你很努力，但是数据告诉我们，你并没有比其他人更努力。用数据说话，做到了就是做到了，没做到就是没做到，这是做销售员都要知道的一个道理。再比如，现在很多保险公司都有免费咨询服务，公司要求优质服务，但是什么叫优质服务？必须有一个量化的评定标准。比如，收到顾客邮件反馈，花多长时间回复才算优质服务？当天回复还是 2 个工作日内，这都需要一个量化的标准。这样做，一方面可以提高工作效率，另一方面也可以给顾客一个明确的答复，不必耗费不确定的时间等待。

3. 可达到原则(Attainable)

可达到，很容易理解，就是目标必须是可以达到、实现的。职业规划设定的目标要高，要有挑战性，但是，一定是要可达成的，强调“我们职业规划中所设定的目标一定是能够通过我们最大努力来实现的”。我们鼓励大家设定一个较高的职业目标，但不是鼓励设定一个虚无的、无法实现的目标。有人也会说“只要我想得到，就一定能做到。”其实这句话的前提是“你的目标是可达成的”。每个人都说自己有目标和计划，但并非每个人都可以实现自己的目标，完成自己的计划，甚至有人根本不知道自己是否完成了计划。这就是目标和计划的可达到性。职业生涯设计是为个体设定达成理想目标规划的一个步骤，因此，这些内容本身应该是具体明确的，而不能是空洞的口号。

职业生涯的可达到性，主要包括目标的现实性、计划的可行性和效果的可检查性三方面。所谓目标的现实性，是指个体目标设定应该建立在个体现实条件的基础上，是对个体现实资源的真实评估和科学预期，是可以达到的目标，而不能是追新逐异或好高骛远的空想。所谓计划的可行性，就是指为个体制定的计划是非常具体的，是依据他们现有的能力可以完成的行动计划。所谓效果的可检查性，就是说目标的实现和计划的执行情况以客观事物为标准，是可以度量和检查的。

4. 相关性原则(Relevant)

相关性是说目标必须与其他目标相关联，设定的职业规划要和岗位的工作职责相关联，不能跑题。简单来说，比如做一个前台人员，学点英语以便接电话时用得上，而若去学管理学就跑题了。再比如，你做的是国际贸易，学习一些海关方面的知识是有必要的，因为这些知识和本职工作是有关联的，但是你若去学行政关系，就又跑题了。

拟定职业生涯规划前，不仅要对个体的内在素质，比如知识结构、能力倾向、性格特征、职业喜好等进行全面的测评，而且要对个体外部的职业环境和职业发展的资源进行系统的评估。既考虑个体的职业发展动机，又考察其成功的可能性，从而为个体设定相应的职业发展目标和具体的发展规划。而职业生涯规划时必须考虑整个职业生涯发展的历程，同时要将职业生涯规划实施当成一个系统的工程，并纳入到组织的发展战略之中。从横向上，企业的各级组织人员、管理及决策者、员工本人都应积极参与职业生涯规划；从纵向上，职业生涯规划应贯穿企业的整个人生。

5. 时限性原则(Time-bound)

时限性指的是目标必须具有明确的截止期间。设定的职业规划目标，要规定在什么时间内达成。时限已经在我们的生活中无处不在地用着。比如，自己说要在周五前签下这个单子，这就是规定了一个期限。规定了一个有效的时限，可以给我们带来一定的压力，同时也能够提高工作的效率，提升我们的执行力和行动力。从另外一种角度来说，时限性也是自己给自己设定的一个限制，又是一种自信的表现。例如：项羽当时准备巨鹿之战，破釜沉舟，让军队只携带三日的口粮，“三日”便是一个明确的时限，于是行军神速，最终成就了以少胜多的著名一战。

由于人生具有发展阶段和职业生涯周期发展的任务，职业生涯规划与管理的内容就必须被分解为若干个阶段，并划分到不同的时间段内完成。每一个时间段又有“起点”和“终点”，即“开始执行”和“完成目标”两个时间坐标。如果没有明确的时间规定，会使职业生涯规划陷于空谈和失败。在进行职业生涯规划设计时，要充分考虑组织和个体所处的不同发展阶段，并有目的、有步骤、有计划地调整和安排各个不同阶段的职业生涯计划。职业生涯规划设计的时限性主要划分为短期、中期和长期。短期计划一般为 3 年，这一阶段的职业生涯规划主要是确定近期目标和明确这一期间需要完成的任务。中期计划一般为 5 年，这一阶段的职业生涯规划的重点是要规划出 3~5 年的职业生涯的目标、任务以及具体实施途径。长期计划一般为 5~10 年，这一阶段的职业生涯规划的重点是要设定较长远的目标。

三、生涯故事

比赛“三部曲”

冉巧是河海学院2011级地理信息系统专业的一名学生，她说回忆她的校园生活，三个重要的比赛就像三部曲一样贯穿她的整个大学生活。“那是三次结果并不理想却依然很完美的比赛。说它不理想，是因为获得的结果并不是我一开始期望的；说它完美是因为通过这三次比赛，我得到了更多超越比赛结果的东西。”

第一部曲：挑战杯——梦想起飞的地方

大一时，她参加的“挑战杯”比赛是进入大学参加的第一次与专业相关的比赛，也是因为这次比赛，让她对她的专业有了更深的了解，也让她从开始的不喜欢渐渐地爱上了这个专业。

她说，一开始决定参加这个比赛，是因为她想通过这次比赛来提高自己对专业的兴趣。比赛不同于平时的学习，它会让自己有一种更加积极的冲动和学习的欲望。

这一次比赛，最后的结果并不理想，她仅仅进入了校内初赛，然后就被淘汰了，可是在参加比赛和准备比赛的过程中，却让她收获到了比比赛结果更重要的东西。

指导老师的辛勤教导给了她坚持走下去的勇气，炎热夏天里老师带着他们去实地考察，耐心指导；小组成员的坚持给了她更多的信心，他们坚持在课后用较多的时间来收集和阅读资料，他们坚持学习当时毫无了解的软件。这次比赛过后，似乎有些事已经在开始改变，她的大学开始了属于她自己的精彩，她也听见了梦想起飞的声音。

第二部曲：数学竞赛——内心的坚持

如果说第一次“挑战杯”的比赛是一次团队的荣誉之争，那么这次的数学竞赛就是一场关于她自己一个人的战争。如果说第一次“挑战杯”的比赛的前提是因为可以学到更多专业知识的话，那么这次的数学竞赛就是她对自己内心所属的一个坚持。

她喜欢数学，曾经想过转为数学专业，但最终却因为各种原因并没有转到数

学专业，可是这并不代表她就一定要放弃数学的学习。通过这次数学竞赛，确切地说应该是两次，她获得的更多的是快乐。

第一次准备比赛的时候，她并没有花多大的心思，总觉得自己底子还不错就不好好复习，直到竞赛结束，才意识到自己之前是有多么不努力，竞赛的结果果然是一塌糊涂。

当意识到自己行为上的不足后，她开始不甘心，也对自己开始抱怨。明明是自己喜欢的，可是自己在做这件事的时候却也是那么不用心。她关注的开始不只是这次比赛，而是自己做事的态度。于是，她又参加了第二次数学竞赛。这一次，她花了更多的心思和精力在上面，甚至比当初复习四六级的时候还专注。最后的结果虽然比她预期的差很多，但是已经让她心满意足了。“这次竞赛让我懂得，当你做不好事情的时候不要推脱说自己不喜欢或者什么，要用心努力。否则，即使是你喜欢的事，感兴趣的事，你也会做不好。”

第三部曲：专业技能比赛——正式的检验

在参加这次比赛之前，她就听专业老师介绍过，这是一次很正式的比赛，是对近四年专业学习的一次正式检验。老师也相信她会拿到好的成绩来给她的大学学习来一个完美的收尾。

于是，一开始参加比赛的时候，他们都信心满满，下数据、找资料、看论文……一切都有条不紊地进行着。可是一切并没有如期望的那么顺利，他们开始遇到一个很严重的问题，没有行动的方向，或者说是他们想到的是别人已经做过的。当时甚至想过是不是要放弃，是不是他们的水平真的就有差距。可是，她又觉得不甘心，不能就这么轻易地放弃。于是，他们选择坚持下去，不管最后的结果会如何，至少不会有遗憾。他们开始了正式的拼搏阶段。暑假天气炎热，他们又要复习准备考研，最后只能抽出晚上的时间来研究软件，学习新的知识。作品提交时间快截止了，他们的作品还没完成，只能熬夜加班来完成“并不算完美的作品”。

她说：“也许是上天看到了我们的努力，也许是我们的坚持，最后取得了全国第一名的好成绩。真的是要感谢好多人，一起相互陪伴着走到最后，即使在最艰难的时候也相互鼓励着没有放弃。”在这四年中，学习方面也许她并没能达到有些同学的高度，可是，她坚信：“我也活出了我的精彩。”

四、生涯活动坊

(一) 生涯幻游——四年后的我

1. 生涯幻游的目的

(1) 澄清自身的期待与价值

(2) 对未来给予期待与规划

2. 生涯幻游人数与时间

80~90 人的团体，90 分钟

3. 生涯幻游的结构

(1) 进行方式：结构式的团体方式

(2) 进行场地：安静、封闭，每人一把椅子的会场或者教室

(3) 课前准备：通知学生带纸和笔，并准备部分纸笔

4. 生涯幻游的过程

(1) 放松阶段

现在我们要进行自我暗示放松训练，请注意听，然后按照我所说的去做。

首先，请你调整你的姿势。请你把眼睛闭起来，尝试去感觉你全身的重量是不是均衡地分配在你的两只脚、大腿、臀部、背部或者手部。请你感觉你左右两边的重量是不是平衡。

然后，请你把一部分注意力转移到你的心跳上，尝试着去感觉你的心跳。我们并不一定能感觉到心跳，只是在你安静下来后，你仿佛能听到你的心跳，或者是你可能什么也感觉不到。所以，你只是尝试着去感觉它。

现在，你试着把你的注意力分散在两方面，一方面感觉身体的平衡，一方面试着去感觉你的心跳。

好，接下来请你再把一部分注意力转移到你的呼吸，轻松地吸进来，慢慢地呼出去，自然地吸进来，慢慢地呼出去。尝试着控制在呼出去时，让它稍微慢一点。

现在，你试着把你的注意力分散到三方面，一方面注意身体的平衡，一方面试着去感觉你的心跳，再一方面试着去控制你的呼吸。轻轻地吸进来，慢慢地呼

出去；自然地吸进来，慢慢地呼出去。

接下来，是一个较困难的工作，请你把注意力移到你的两个手掌心，然后在心里很强地暗示自己，“让我的手心温暖起来，让我的手心温暖起来。”把注意力转移到你的手掌心，在心里很强地暗示自己“让我的手心温暖起来，让我的手心温暖起来，让我的手心温暖起来。”继续尝试下去，继续尝试下去。

现在，你把你的注意力分散在四方面，也就是你不能特别注意哪一方面，而是把你的注意力随意地分散在四方面：注意身体的平衡；感觉心跳；轻轻地吸进来，慢慢地呼出去；注意你的手掌心，很强地暗示自己“让我的手心温暖起来”。

(2) 阶段引导

接下来，我们一起坐在时光隧道机里，来到四年后的世界。算一算，这时你是几岁？容貌有变化吗？请你尽量想象四年后的情形，越仔细越好。

好，现在你正躺在家里卧室的床上。这时候是清晨，和往常一样，你从睡梦中醒来，慢慢地睁开眼睛，首先看到的是卧室里的天花板。看到了吗？它是什么颜色？

接着，你准备下床。尝试去感觉脚指头接触地面那一刹那的温度，凉凉的，还是暖暖的？经过一番梳洗之后，你来到衣柜前面，准备换衣服上班。今天你要穿什么样的衣服上班？穿好衣服，你看一看镜子。然后你来到了餐厅，早餐吃的是什么？一起用餐的有谁？你跟他们说了什么话？

接下来，你关上家里的大门，准备前往工作的地点。你回头看一下你家，它是一栋什么样的房子？然后，你将搭乘什么样的交通工具上班？

你快到达工作的地方，首先注意一下，这个地方看起来如何。好，你进入工作的地方，你和同事打了招呼，他们怎么称呼你？你还注意到哪些人出现在这里，他们正在做什么？

你在你的办公桌前坐下，安排一下今天的行程，然后开始上午的工作。早上的工作内容是什么？跟哪些人一起工作？工作时用到哪些东西？

很快，上午的工作结束了。中餐如何解决？吃的是什么？跟谁一起吃？中餐还愉快吗？

接下来是下午的工作，跟上午的工作内容有什么不同吗？你在忙些什么？

快到下班的时间了，或者你没有固定的下班时间，但你即将结束一天的工作。下班后你直接回家吗？或者要先办点什么样的事？或者要做一些什么样的活动？

到家了。家里有哪些人呢？回家后你都做些什么事？晚餐的时间到了，你会在哪里用餐？跟谁一起用餐？吃的是什么？晚餐后，你做了些什么？跟谁在一起？

就寝前，你正在计划明天参加一个典礼的事。那是一个颁奖典礼，你将接受一项颁奖。想想看，那会是一个怎么样的奖项？颁奖给你的是谁？如果你将发表获奖感言，你打算讲什么？

该是上床的时候了，你躺在早上起床的那张床上。你回忆一下今天的工作与生活，今天过得愉快吗？是不是要许个愿？许什么样的愿望？

渐渐地，你很满足地进入梦乡。睡吧！一分钟后，我会叫醒你……

(一分钟后)我们渐渐地回到这里，还记得吗？你现在的位置不是在床上，而是在这里。然后，现在我从 10 开始倒数，当我数到 0 的时候你就可以睁开眼睛了。好，10，9，8，7，6，5，4，3，2，1，0。睁开眼睛。你慢慢地醒过来，静静地坐着。

(3) 思考

① 你对旅程中四年后的自己还满意吗？

② 如果我按照现有的人生轨迹发展下去，四年后，我能够变成旅程中的自己吗？

③ 我应该如何做，才能让四年后的自己变成自己所期望的那样？

(二) 制作梦想清单

1. 准备工具

一本空白的笔记本、一支笔。

2. 实践步骤

(1) 找一个全新的笔记本，不要和其他本子混淆。

(2) 写下你想做的事情。把当下脑子里能想到的想做却还没做的事情都写下来，不要限制数量。时间可以是一年也可是未来几年，不要太在意能否实现，完全跟着自己的心走。

(3) 划掉心里那些其实并没有真的很想做的事情。写完梦想清单后，看看有没有需要划掉的内容，划掉的标准就是你这点事情是你真正喜欢的还是带有其他目的的，梦想清单一定是你心中真正要想实现的愿望。

（4）分解每个梦想的实现路径。将每个梦想单独写出来，可以按照难易程度，写出自己要实现这些梦想的具体步骤。将一个大的梦想按照分解步骤详细分解，分解成一些小的任务，最后你发现，这些小的任务是很好实现的，难点在于攻克一些比自己能力要求高出一些的稍大的目标，今后在实现梦想时候重点攻克这些目标，不选积累，终可实现。

思考：结合大学四年阶段，撰写自己的梦想清单，并简要描述清单的实施计划。

第二节　规划方案

一、生涯指引

我们先分享一下小蕾在外企求职的经历。

HR问：你对自己未来五年的职业规划是什么？

小蕾答：我希望从现在开始，五年之内能够在目前申请的这个职位上沉淀下来，通过不断的努力后，最好能有几次晋升，希望可以从培训助理做到培训主管，最后成为培训经理甚至是行业内出色的培训专家。未来的五年，不管是向上提升，还是在企业内横向调动，对我个人来说，希望能找到一家愿意相互投入的企业并待上一段时间。希望我的加入可以给公司带来更大的商业价值，同时我也希望自己能够在企业的平台上得到进一步的职业能力提升。

小蕾真诚的表述和对自己明确的定位，让HR觉得她就是培训助理的不二人选，同时也充分表现出小蕾对自己的职业定位以及发展路径是十分清晰的，因而她在数十个候选人中脱颖而出，顺利拿到了这个职位。如今一年多过去了，小蕾按照自己当初设定的发展目标有条不紊地走着。前不久传来了她的喜讯，她已经被破格提拔为公司培训部的主管。

思考：通过前面章节的学习，你学会了如何做职业规划了吗？对未来三年或五年你有什么合理、具体的规划了吗？

二、生涯知识

职业生涯规划是指，一个人规划未来职业发展的历程，在充分考虑个人的智能、性格取向、价值以及助力、阻力等因素的前提下，对自己的职业生涯进行合理的安排和有效的管理，以期达到自己人生的最高境界。下面我们就与大家分享如何规避失败风险，将复杂的职业生涯规划分解至具体可落实的每一步工作与学习当中，最终实现我们的人生梦想。通过职业生涯规划的学习，大家定然能够轻松掌握职业生涯规划的关键所在，设计制订适合自己的职业生涯规划，为我们实现职场梦想规划清晰的路线图，而这种对职业生涯规划的书面化呈现就是职业生涯规划书。

（一）基本格式

大学生职业生涯规划书的基本格式有以下几种：

1. 表格式

这种格式的规划书为不完整的职业生涯规划书，常常仅写有最简单的目标、分段实现时间、职业机会评估和发展策略等几个项目，有的只相当于一份完整的职业生涯规划书的计划实施方案表，适合作为日常警示使用(表 4-2-1)。

表格式职业生涯规划书 表 4-2-1

序号	目标	实现时间	机会评估	发展策略	备注
1					
2					
3					

2. 条列式

这种格式的规划书具有职业生涯规划的主要内容，至多只是作简单的表述，没有详细的材料分析和评估。文章精练，但逻辑性和说理性不强。

找出你最擅长并愿意在未来职业中运用的技能：

(1) 你最重要的五项自我管理技能；

(2) 你最重要的可迁移性技能。

3. 复合式

就是表格式与条列式的综合，表 4-2-2 即为复合式职业生涯规划书。

复合式职业生涯规划书　　表 4-2-2

职业目标	创办属于自己的电子商务网站，成为电子商务行业的顶尖人物
职业发展策略	组建自己的创业团队，找到好的创业项目，共同创业
职业发展路径	走创业的发展路线
具体路径	创业初期的小型电子商务网站的所有者， ——经过融资成为中型电子商务网站的所有者， ——实现盈利并且上市的大型电子商务网站的所有者

4. 论文格式

一份优秀的论文格式的职业生涯规划书能够对一个人职业生涯规划做全面、详细的分析和阐述，是最完整的职业生涯规划书。大学生职业生涯规划书的制订、职业规划竞赛等活动都采取论文格式。

(二) 主要内容

职业生涯规划书是对职业生涯规划的书面化呈现，不仅能呈现大学生的宏观职业生涯规划，还能对具体的学习和工作起到指导及鞭策作用。一份完整的大学生职业生涯规划书的基本内容有封面、目录和正文：

1. 封面

包括标题名称及日期，姓名、性别、所在学校及学院、班级、专业、学号等个人资料。可以在封面插入图片、警示格言和指导教师。

2. 目录

包括引言、自我评估、职业探索、职业生涯决策、计划与途径、自我监控、结束语及参考文献。

3. 正文

(1) 引言

引言是总体论述自己写职业生涯规划书的目的、意义和作用。

(2) 自我评估

结合前面章节所述的关于自我评估的途径、方法和相关测验量表、人才测评报告等对自己个人基本情况、职业兴趣、职业能力及适应性、个人特质、职业价值观、胜任能力等进行全方位、多角度的分析并进行自我分析小结。

① 个人基本情况。包括姓名、性别、出生地、出生年月、学历、身份、体貌特征等有关自己个人的基本信息。

② 职业兴趣。职业兴趣指自己喜欢的职业。通过自我评估的自评、他评和测评结果显示出职业兴趣前三项分别是什么型(多少分)、什么型(多少分)和什么型(多少分)，发现我自己的具体的职业兴趣是什么。

③ 职业能力及适应性。职业能力指的是能够干什么，特长是什么。通过自我评估的自评、他评和测评结果显示自己的什么方面的职业能力得分较高(多少分)，什么能力得分较低(多少分)，我的具体情况怎样。

④ 个人特质。通过自评、他评和心理测评结果等显示个人的人格特质、气质等情况如何，我自己具体的个人特质的情况怎样。表 4-2-3 是个人特质测评结果及建议。

个人特质测评结果及建议 表 4-2-3

关系分类	综合评价及建议
亲人	自信，不过有时过分自信。有正义感，有责任心……
朋友	上进、有毅力……
老师	总的来说是个非常上进、灵活正直的人。综合素质比较好，……
同学	师妹：很坦荡……；师兄：性格内向……；同学：思想成熟……

⑤ 职业价值观。通过自评、他评和测评结果显示前三项的职业价值观是什么取向(多少分)、什么取向(多少分)和什么取向(多少分)，我的具体情况是怎样。

⑥ 胜任能力。通过自评、他评和测评结果显示你的各方面胜任能力并通过优劣势分析，在哪些职业中能胜任。

⑦ 自我分析小结。通过以上分析，得出结论。

(3) 职业探索

参考人才素质测评报告建议和自我评估的结果，自己对影响职业选择的相关外部环境进行较为系统的分析。包括社会环境分析、组织环境分析、家庭环境分析、学校环境分析和职业环境分析。

① 社会环境分析包括就业形势、就业政策、竞争对手以及政治环境、经济环境、法律环境的分析。

② 组织环境分析包括对行业、组织制度、组织文化、领导人、组织运行机制、发展领域等方面进行分析。

③ 家庭环境分析：如经济状况、家人期望、家族文化等以及对本人的影响(表 4-2-4)。

家庭环境分析表　　表 4-2-4

家庭环境分析	经济状况	
	教育背景	
	人际关系	
	家族文化或家长期待	

④ 学校环境分析：如学校特色、专业学习、实践经验等(表 4-2-5)。

学校环境分析表　　表 4-2-5

学校环境分析	学校特色	
	专业学习	
	实践经验	

⑤ 职业环境分析：包括行业分析(如某行业现状及发展趋势，人职匹配分析)、职业分析(如某职业的工作内容、工作要求、发展前景，人岗匹配分析)、企业分析(如单位类型、企业文化、发展前景、发展阶段、产品服务、员工素质、工作氛围等，人企匹配分析)、地域分析(如在所选工作城市的发展前景、文化特点、气候水土、人际关系等，人城匹配分析)。

⑥ 分析小结。通过以上分析最后做出职业探索小结。

(4) 职业生涯决策

① 职业目标的确定：综合第一部分(自我评估)及第二部分(职业探索)的主要内容，通过 SWOT 分析并遵循 SMART 法则得出本人职业定位(表 4-2-6)。

结论：职业目标——将来从事什么行业的什么职业；职业发展策略——进入什么类型的组织，到什么地区发展；职业发展路径——走专家路线还是管理路线等。

某学生的职业定位 表 4-2-6

内部环境因素	优势因素(S)	弱势因素(W)
	1. 沟通力很强……	1. 可能过于刻板……
外部环境因素	机会因素(O)	威胁因素(T)
	1. 学校声誉、名气较高，获得工作机会相对大……	1. 竞争激励，人力资源管理类人才剧增……
分析		

② 职业目标的分解与组合

将确定的职业目标分成几个阶段规划期，如：短期规划、中期规划和长期规划，并对各个规划期及其要实现的目标进行分解。可用表格形式列举职业生涯规划表(表 4-2-7)。

职业生涯规划总表 表 4-2-7

计划名称	时间跨度	总目标	分目标	计划内容	策略和措施	备注
短期计划(大学计划)	20××年—20××年计划	如大学毕业时要达到……	如：大一要达到…… 大二要达…… 或在××方面要达到……	如专业学习、职业技能培养、职业素质提升、职业实践计划等	如大一以适应大学生活为主，大二以专业学习和掌握职业技能为主…… 或为了实现××目标我要……	大学生职业规划的重点
中期计划(毕业后 5~10 年的计划)	20××年—20××年计划	如毕业后第 5 年时要达到……	如毕业后第 1 年要… 第 2 年要…… 或在××方面要达到……	如职场适应、三脉积累(知脉、人脉、金脉)、岗位转换及升迁等	……	大学生职业规划的重点
长期计划(毕业后 10 年或以上计划)	20××年—20××年计划	如职业高峰期要达到……	如毕业 10 年要达到…… 毕业 20 年要达到……	如事业发展，工作、生活关系，健康，心灵成长，子女教育，慈善等	……	方向性规划

在知己、知彼的基础上，选择适合自己的职业目标，并确定相应的职业发展路径。其要点：一是要把握职业目标定位的四个主要方面：定就业城市、定行业、定职业、定单位。二是要在学习、比较、思考的基础上确定职业发展的具体路径。需要注意的是：一是人职匹配是确定职业目标的重要依据；二是每个人的职业路径并非完全一样，不宜盲目模仿。

（5）计划与途径

① 具体实施计划。包括大学阶段的短期目标的具体实施计划，毕业 3~5 年后的中期目标的具体实施计划，毕业 10 年后的长期目标的具体实施计划和人生总目标的实施计划。找出自身实现状况与要实现目标之间的差距，并制定缩小差距的方法及实施计划和方案。

② 规划具体路径。职业生涯发展路线是指一个人选定职业后从什么方向一步一步实现自己的阶段性目标，最后达到自己的终极目标。发展路线与职业目标紧紧相连，一个大学生毕业后是走专业技术路线还是走行政管理路线发展，是先走技术路线，再转向行政管理路线等等，其发展要求也不同。因此，在职业生涯规划时必须对此做出选择，以便安排今后的学习和工作，使其沿着职业生涯路线发展。这就如登山，要达到山顶的目标，就要选择最佳的登山路线与方式。人们也常说条条大路通罗马，讲的是道路多、选择多、办法多的道理。可是那么多道路到底哪条是到罗马最近最好走的路呢？这就是实现目标中的路线选择问题，选择了捷径好路，就易于进入职业发展的快车道，否则，就会耽搁在路上。而且如果没有一个职业发展的路线蓝图，就会走错路、走弯路、走回头路，这将直接影响我们的心情和成就，导致我们的努力、动力、能力不能直接作用于目标，就会产生资源、时间、精力的浪费，在无形中延长了我们成功的期限。因此，在职业确定之后，必须对职业生涯路线进行选择，以使今后的学习和工作沿着职业生涯路线和预定的方向发展。同时对所选择的路径何时达到何级别要求进行规划。

下面是大学毕业生参加工作后所选择的专业技术和行政管理的职业生涯路线 V 形图(图 4-2-1)。

典型的职业生涯路线图是一个 V 形图。假如一个人 24 岁大学毕业参加工作，即 V 形图的起点是 24 岁。以起点向上发展，V 形图的左侧是行政管理路线，右侧是专业技术路线。将路线分成若干等份，每等份表示一个年龄段，并将专业技术的等级、行政职务的等级分别标在路线图上，作为自己的职业生涯目标。

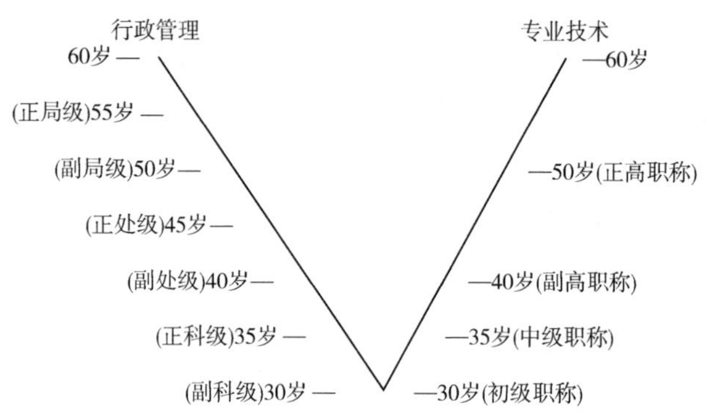

图 4-2-1　职业生涯路径 V 形图

来源：http：//baike. baidu. com/view/2074203. html？ fromTaglist

在发展路线决策过程中，通常职业生涯路线的选择须考虑以下三个问题：

我想往哪一路线发展？

我能往哪一路线发展？

我可以往哪一路线发展？

回答上述三个问题，是对“知己”“知彼”有关情况进行综合分析并加以利用的过程，以此确定自己的最佳职业生涯路线。

第一个问题是通过对自己的价值、理想、成就动机和兴趣分析，确定自己的目标取向。

第二个问题是通过对自己的性格、特长、经历、学历以及专业的分析，确定自己的能力取向。

第三个问题是通过对自己所处的社会、经济、政治、组织环境分析，确定自己的机会取向。

由图可见，职业生涯发展路线包括一个个发展阶梯，一般由低阶到高阶步步上升。如教师职业生涯发展路线通常是：助教——讲师——副教授——教授；行政人员通常是：科员——副科——正科——副处——正处——副局——正局。

每个人的基础素质不同，适合职业生涯发展路线也不一样，有的人适合搞研究，能在专攻领域求得突破；有的人适合做管理人员，成为一名优秀的管理人员。基本上有三种职业生涯发展路线可供选择。即专业技术性路线、行政管理型路线和自主创业。

（6）自我监控

职业生涯规划是一个动态的过程，必须根据实施结果的情况以及变化情况进行及时的监控。

① 监控的原因。健康、教育、家庭因素、性别、社会环境因素、机遇、厌倦目前所从事的工作、难以适应的工作环境和文化、公司发展或者行业发展没有前途、薪资不到位、得不到晋升、没有发展空间、事业与生活难以平衡等原因要进行职业生涯调整。

② 监控的目的。进行生涯监控的根本目的就是让自己时刻保持最佳状态，在通向最终目标的生涯上跨越障碍、走得直、走得快、走得稳，谋求可持续发展。

③ 监控的内容。监控内容主要包括：职业目标监控、职业路径监控、实施策略监控。

职业目标监控。确定的目标通过努力是否达到，阶段性目标是否设定合理？确定是否需要重新设定，假如一直难以实现，那么我将如何改变？

职业路径监控。对实现确定的目标，个人所确定的专家路线或管理路线等是否合理，是否需要调整发展方向？当出现偏差的时候，我该如何改变？

实施策略监控。对实现目标实施的策略和方法是否得当，是否需要改变行动策略？如果不当，我将采取什么样的策略方法弥补？

④ 监控的要点。评估的要点主要有观念差距、知识差距、能力差距和心理素质差距等方面。

观念差距。观念陈旧往往造成策略的失误、导致行动失效。

知识差距。按照实施策略所积累的知识仍然不够，还是学错了方向？

能力差距。环境变化对人的能力的要求也是在不断变化的，彼一时期你通过努力提高了某些能力，但此一时期可能又会出现新的差距。另外，前一阶段是否坚持按计划措施来提高能力了？提高了多少？遇到什么困难？这对以后都是一个重要的启发。

心理素质差距。很多时候，我们没有取得预期的进步，并不是规划不够好或者措施不得当，而是心理素质不够，一个人职业生涯发展，首先是心理素质的成长过程。我们应寻找差距并进行弥补。

⑤ 监控的时间。一般情况下，评估的时间以半年或一年时间间隔评估规划。但重大或特殊情况发生时应随时评估并进行相应的调整。

⑥ 监控职业生涯成功评价体系：自我评价、家庭评价、企业评价、社会评价。

自我评价：根据个人的价值观及知识、能力、水平，评价自己的才能是否充分施展；是否对自己在企业发展、社会进步中做的贡献满意；是否对自己职称、职务、工资待遇的变化满意；是否对处理职业生涯发展与其他人生活动的关系的结果满意。

家庭评价：根据家庭文化，对父母、配偶、子女是否能相互理解，是否能给予支持和帮助？

企业评价：根据企业管理体系、企业文化及企业总体经营结果为标准，评价是否有下级、平级同事的赞赏；是否有上级的肯定和表彰？是否有职称、职务的晋升或职务责权利范围的扩大？是否有工资待遇的提高？

社会评价：根据社会文明程度，特别是社会历史进程为因素，评价是否有社会舆论的支持和好评？是否有社会组织的承认和奖励？

⑦ 监控职业生涯成功标准。家里的事感觉好就算好，职业的事结果好才算好。在很多有限的生命里，我们无法达到所有的目标，但这并不意味着职业生涯的失败。怎样的职业生涯才算是成功的？每个人的价值观不同，职业需求不一样，职业生涯目标各异，对成功的意义也会有所差别，标准也是多样的，如有的是进取型，有的是安全型，有的是自由型，有的是攀登型，有的是平衡型。每个人对职业生涯成功的定义不同，没有统一的标准，但首先自己认为是成功的。

总之，根据自我发展、社会变迁以及其他不可预测的因素，主动适应各种变化，及时评估，灵活调整，不断修正、优化自己的职业生涯规划。其要点：一是要制订评估标准，监控行动的进程和结果；二是预计目标实现过程中可能出现的困难和障碍，提前拟定备用方案；三是制订调整修正的原则。需要注意的是：一是反馈评估的重点是目标计划的完成情况，要将注意力放在结果上；二是反馈修正不是职业规划的最后环节，而应贯穿整个职业规划的始终。

三、生涯工具应用

大学生职业生涯规划作品

学院：土木工程学院

专业：土木类

年级：2016

性别：男

姓名：＊＊＊

学号：＊＊＊＊＊＊＊＊＊＊＊

一、自我认知

（一）职业价值观分析

价值观	成长事件印证
成就感	在工作中不断突破，不断解决难题，得到领导和同事的赞扬，就如同我解决数学上的难题一般，令人感到愉悦，充满前进的动力
经济报酬	合理的薪酬让自己过上想要的生活，更有干劲，比如小时候为了一块钱跑路费而经常帮同学买早餐
人际关系	良好的人际关系能够给予自己精神上的慰藉，比如以前和关系很好的同学、老师一起排练节目，效率很高，有问题直言不讳，一起解决，排练也不会拖拖拉拉

（二）职业兴趣/性格分析

霍兰德代码类型/性格与个性特质	生活事例印证
A 艺术型 喜欢以各种艺术形式的创作来表现自己的才能，实现自身的价值；想象力丰富，创造力很强，喜欢凭直觉做出判断，独立性、自主性较强；感情丰富，敏感，情绪易波动	有一定的文学基础，高中时在语文文言文和阅读方面十分擅长，对于文学著作也酷爱阅读，比如《红与黑》等，对新奇的事物十分感兴趣
E 企业型 追求权力、权威和物质财富，具有领导才能；喜欢竞争、敢冒风险、有野心、抱负；为人务实，习惯以利益得失、权利、地位、金钱等来衡量做事的价值，做事有较强的目的性	喜欢挑战，如解答难题，涉足未知的领域，前段时间还接手了团风赛的话剧中的重要角色，虽然从未表演过此类话剧，但表演仍然圆满结束。在平常的学习与生活中，也是尽力做到最好，喜欢打破平常的思路去寻求新的方法
I 调研型 思想家而非实干家，抽象思维能力强，求知欲强，肯动脑，善思考，不愿动手。喜欢独立的和富有创造性的工作。知识渊博，有学识才能，不善于领导他人。考虑问题理性，做事喜欢精确，喜欢逻辑分析和推理，不断探讨未知的领域	对于交际应酬方面不是特别擅长，比起加入一个社团或组织竞争更高的职位，我更喜欢去钻研专业理论的知识与难题。我中学时，最喜爱的便是解析几何与平面几何，还有逻辑数学

(三) 职业能力/技能分析

职业能力/技能	社会实践印证
重庆交通大学港口航道与海岸工程专业	本科学历、基础知识扎实，成绩优异
学习能力	我自学 Auto CAD、Adobe Premiere Pro CS6 等软件
适应能力	大学期间迅速适应了不同于高中的学习方式并取得了不俗的成绩
表达能力	多次积极参加班级和团委组织的各项活动，如小品、话剧等，并在其中扮演重要角色，有一定的表演基础和表达能力
执行能力	曾担任助理一职，联系同学与老师，完成学院、学校交代的任务

(四) 职业目标倾向

职业目标倾向	可行性分析(主观分析)	社会(家庭)资源支持情况
1. 助理工程师	随着经济发展和航道改造、港口设施建设工作的不断深入，水利工程技术人员在当前和今后一段时期内需求量还将不断上升。再加上港口和水利设施的更新换代，只要人才市场上没有出现过度饱和的状况，可以说水利工程技术人员一直有着不错的就业前景	
2. 科研员	行业的飞速发展带来的巨大人才需要，使得港口与航道工程专业师资力量的需求随之增长。再加上我国的水利工程还有许多问题等着解决和探索，所以高校师资及科研人员也十分重要。但需要具有较高的专业水平、创新能力和综合素质	家庭支持

二、职业认知

(一)助理工程师职业认知

行业发展前景	就像我们看到身边的高楼大厦正在不断地拔地而起、一条条宽阔平坦的大道向四面八方不断延伸一样，水利行业对工程技术人才的需求也随之不断增长。随着经济发展和航道改造、港口设施建设工作的不断深入，水利工程技术人员在当前和今后一段时期内需求量还将不断上升。再加上港口和水利设施的更新换代，只要人才市场上没有出现过度饱和的状况，可以说水利工程技术人员一直有着不错的就业前景

续上表

工作内容	负责工程项目里进行基础、主体结构、装饰装修等分项工程及港口、航道等本专业技术管理工作，负责对本专业工程项目进行有效的质量、进度、投资控制、文明施工管理、合同管理、信息管理工作
胜任力 （专业、学历、能力、经验、职业资格证、身体健康等）	1. 本专业或相近专业（指地质勘探、环境工程、工程力学专业）大学本科及以上学历或学位； 2. 熟悉建筑专业设计规范； 3. 熟悉国家及地方相关法规、政策，熟悉土建类施工图、施工管理和有关土建的施工规范及要求，掌握项目规划、建筑设计、施工、验收规范及市政配套等基本建设程序； 4. 良好的身体素质； 5. 需要有全国一、二级注册建筑师，全国注册土木工程师，全国一、二级注册结构工程师等
工作环境 （工作区域、工作时间、工作压力、人际关系、对生活的影响等）	1. 一般在各个施工单位和企业内工作； 2. 工作时间与压力和项目的开展有关，通常此时会十分忙碌，甚至加班加点； 3. 对人际关系的发展和生活的稳定有不利因素，要跟着工地跑
薪酬待遇	年薪： 1. 施工员/技术员：1.5 万~2.5 万元；工长：2.5 万~4 万元；技术质量管理经理：4.5 万~7 万元；项目经理：5 万~10 万元； 2. 预算员：1.5 万~3 万元；预算工程师：2.5 万~6 万元；城市规划师：4 万~7 万元 3. 现场监理员：1.8 万~2.5 万元；项目直接负责人：2.5 万~4 万元；专业监理工程师：3 万~5 万元；总监理工程师：4 万~8 万元
职业路径	助理工程师（1 年）→工程师（5 年）→高级工程师（10 年）→教授级工程师（10~20 年）
目标企业 （历史、规模、行业排名、主营业务、我校招聘计划、员工职业发展规划、培训等）	中交二航局作为中国水工建设领域的主力军，二航局为中国的港口和航道建设事业做出了巨大贡献，修建各类码头 200 多座。二航局先后参与建设了黄骅港北防波堤、长江口深水航道整治二期等国家重点工程的建设。二航局承建的江苏南通洋口港人工岛主体工程，成功开创了国内无遮掩外海人工岛施工先河，承建的盐田港二期合同四工程获鲁班奖。 近年来，二航局获得“乔治·理查德森”等各类国际奖项、“鲁班奖”“詹天佑奖”、国家优质工程奖和中国市政工程金杯奖共 35 项，获得部、省级优质工程奖近 60 项，并先后获得“全国质量奖”“全国精神文明建设工作先进单位”“全国企业文化建设工作先进单位”“全国质量效益型先进施工企业”“全国用户满意施工企业”“中国交通建设十大桥梁英雄团队”等荣誉称号。 中交二航局每年都是到校进行招聘

（二）科研员职业认知

行业发展前景	行业的飞速发展带来的巨大人才需要，使得港口与航道工程专业师资力量的需求随之增长。再加上我国的水利工程还有许多问题等着解决和探索，所以高校师资及科研人员也十分重要。但需要具有较高的专业水平、创新能力和综合素质
工作内容	主要是进行水利项目相关问题和技术上的考查与研究，对相关专业的学生进行专业知识的教导
胜任力 （专业、学历、能力、经验、职业资格证、身体健康等）	1. 政治素质好、学术造诣较深，具有良好职业道德，遵纪守法； 2. 能为人师表、教书育人，作风正派，身体健康； 3. 具有博士学位； 4. 近5年的学术业绩应当满足条件
工作环境 （工作区域、工作时间、工作压力、人际关理、对生活的影响等）	1. 科研员的工作场所相对固定，一般多在办公室中，工作内容比较丰富，有时需要出差； 2. 科研人员除了在市政工作，一般也在高校担任教师，职称的评定也会成为压力； 3. 学术业绩的要求较高，科研压力大
薪酬待遇	一般讲师基本工资4000~6000元； 优秀教授除基本工资外，人才补贴、科研启动费30万~60万元
职业路径	讲师助理→讲师→副教授→教授
目标企业 （历史、规模、行业排名、主营业务、我校招聘计划、员工职业发展规划、培训等）	重庆市交通科研设计院 历史：重庆市交通科研设计院成立于1965年5月，系直属交通部管理的正厅级科研事业单位。2000年根据国务院的决定，转制为科技企业，整建制进入招商局集团。是中央在渝科研单位和甲级勘察设计院，是国家山区公路工程技术研究中心和桥梁工程结构动力学国家重点实验室的依托单位。 工作：主要从事公路行业与市政行业的道路工程、桥梁工程、隧道工程、交通工程、轨道交通、环境保护与节能工程、公路机动车工程等领域的科研开发、勘察设计、试验检测、产品制造、工程施工、技术转让、技术咨询、工程总承包等生产与服务，不断应用科技创新成果，为全国公路交通建设提供技术服务。我院已经发展成为全国交通系统重要的科技开发、成果转化和产业化基地之一。 规模：拥有一支技术优势突出、工作勤勉敬业的优秀科技人才队伍。目前全院共有职工1700多人，正高级职称47人，副高级职称233人，博士和硕士共182人，其中包括国家级突出贡献专家和享受政府特殊津贴专家23人，交通部专家委员会委员和全国交通青年科技英才4人，交通部“十百千人才工程”第一层次人选5人，重庆市学术带头人和“322重点人才工程”人选17人，硕士生导师和博士生导师35人。经国家人事部批准正式设立博士后科研工作站

三、职业决策

（一）决策平衡单

考虑因素/选择项目	权重（1~5）	职业选择1（助理工程师）		职业选择2（科研员）	
		评分（1~10）	加权分	评分（1~10）	加权分
价值观	4	9	36	5	20
兴趣、能力	5	7	35	6	30
性格	3	8	24	4	12
薪资待遇	4	7	28	3	12
家人期待	2	5	10	5	10
家庭条件	1	6	6	6	6
工作平衡	3	5	15	8	24
合计			154		114

（二）职业决策（SWOT分析）

决　策　项　目	决　策　依　据
首选目标：助理工程师	S：基础理论知识扎实。 W：对工作的具体内容不了解；缺乏专业性知识；没有工程经验；没有相关证书。 O：重庆交通大学本学科招聘单位较多，就业率较高；单位上升空间大；有高级资格证书的人较少。 T：行业国内趋于饱和；近年来相当一部分高校也开展了此类课程，竞争压力变大
备选目标：科研人员	S：参加过数模、桥模竞赛并获奖，参与了专业老师的项目研究团队，有一定的科研实践经历。 W：没有教学经验；没有相应学历；不具备学术业绩。 O：各大高校均需要有较高职称的科研人员；有高级资格证书的人较少。 T：高校扩招导致对学历要求高；可能未被理想的工作单位接纳

四、计划与路径

（一）职业发展路径

实习生→助理工程师→高级工程师→教授级工程师

↓或

→设计室副主任→设计室主任→副总经理→总经理

（二）详细实施计划

近期计划（3~5年）**2017年4月10日—2022年4月10日**

任务：考研

具体计划：

1. 2017年4月—2019年7月努力学习专业基础知识，学有余力的同时，积极参加各种学科竞赛；

2. 2020年7月—2021年4月备考研究生，校内实习并完成毕业设计。

中期计划 2020年7月1日—2028年7月1日

任务：进入中交集团工作并到达工程师的职位

具体计划：

1. 2020年7月—2021年4月攻读研究生课程，完善自身各方面能力，改进不足，考取证书，寻找实习机会，学习相关知识和技能；

2. 2022年6月—2022年8月寻找专业实习机会，进一步将所学知识运用到实习工作中；

3. 2022年9月—2023年9月完成与专业相关的毕业论文，积极向中交单位投递简历应聘相应职位；

4. 2023年9月—2024年9月毕业，进入中交，成为一名实习生，基本了解设计流程与技术；

5. 2024年9月—2028年7月努力达到工程师的职位。

长期计划2028年7月1日—2053年7月1日

任务：努力成为教授级工程师

具体计划：

1. 不断提高自身能力和科研水平，发表科研文章；

2. 主持工程项目。

五、风险调控

风 险 预 测	调 控 方 案
1. 未能考入研究生	认真复习，决不放弃，第二年再参加研究生入学考试，或者进入以设计、科研为主的水利工程单位，攻读在职研究生
2. 未能进入中交工作	到设计院或施工单位，从基础层干起，不断积累工作经验，成为工程师
3. 没有相关资格证书或资格证书未能一次性通过	参加相关培训班，花费更多时间这在上面，争取考证
4. 对具体工作不熟悉，没有经验	从最简单的工作做起，努力学习，虚心请教，抓住机会，积累经验。利用假期实习，丰富工作经验

四、生涯活动坊

我的未来不是梦

（一）目的

通过 PPT 和讲解分享个人职业生涯规划书，由小组成员对其职业生涯规划书进行提问并进行回答，在讨论的过程中不断明晰困惑，最后完善优化“我的职业生涯规划书”。

（二）展示环节

1. 自我剖析，我为什么这样写。

2. 生涯规划思路。

3. 提出制订生涯规划过程中的困惑或问题。

（三）团体讨论

1. 填写是否合理。

2. 优势是什么？有哪些什么缺点需要改正？

3. 帮助成员重新评估自己，建立初步的我的生涯规划书，拟订生涯计划，并坚定立场。

（四）真情祝福

小组成员对展示同学送上一句祝福的话或建议。

思考与练习

1. 按照职业生涯规划要求，为自己做一份详细的职业生涯规划书。

2. 想一想实施职业生涯规划应注意哪些问题。

第五章　评估调整——做最好的自己

第一节　规 划 评 估

一、生涯指引

小华学市场营销与策划专业，想今后能在大商场做部门经理。毕业后，商场面试失败，进了服装工厂，被安排的岗位主要负责在网上开展服装出口业务，具体包括订单、看样、发货等工作。可是小华既不懂服装，又不熟悉出口业务，计算机操作能力也很一般，只能给别人打下手。不服输的小华看到随着出口业务的扩展，关键岗位市场营销部门需要增加人手。她认识到自己有市场营销与策划的专业基础，只是缺少服装出口的知识。只要补齐短板，自己就一定能胜任这个关键岗位。小华下决心调整了职业发展方向，根据新目标重新制订了行动计划。半年后，小华在内部竞选中，轻松获得了市场营销这个岗位。

思考：小华调整职业发展目标的依据是什么？

二、生涯知识

职业生涯是立体、动态的演进过程，在职业生涯内外环境的交互影响下，个人的职业生涯发展将超出预定计划范围，发生嬗变。如何保持规划目标的实现，或者根据外部环境适度调整目标和实现路径，有利于更好地实现自我人生理想。尤其是大学生从比较封闭的高中生活进入相对开放自由的大学生活，自我期望与实际环境条件存在较大差距，因此大学生制订的职业生涯规划存在较大的弹性，需要对外部环境进行更多的探索，通过定期对规划的目标和行动方案进行评估，不断调整，找到自我与环境的动态中的平衡点，明确每一个阶段的目标，制订适应性行动计划，高效度过大学生涯。

（一）评估的含义

所谓计划赶不上变化，影响职业生涯规划的因素有很多，有的变化因素是可以预测的，而有的变化因素则难以预测。在此状况下，要使所制订的职业生涯规划行之有效，就必须不断地对职业生涯规划进行评估与调整，主要涉及职业目标、职业发展路径和实施策略。

大学生职业生涯规划评估是指大学生定期对个人职业生涯规划方案进行反思，对照规划目标及执行计划进行检视，根据执行现状，判断规划方案是否符合自我实际需求，是否符合外部环境发展趋势，最后得出评估结论，为职业生涯规划方案调整提供依据。

职业生涯规划评估通过定期对自我职业生涯发展现状进行反思和复盘，能够对自我的职业生涯内环境有持续深入的了解，不断推动职业生涯发展的深度与广度。通过职业生涯规划评估有利于加强对自己的强项的了解，自我赋能；对下一步的发展方向会更加清晰，明确自己应该在什么地方进行改进和完善。

（二）评估内容

1. 职业生涯目标评估

职业生涯目标评估的目的是判断职业是否需要重新选择。如果一直无法适应或胜任原来规划的职业生涯目标，在学习工作中得不到应有的发展，导致自己长期压抑、不愉快，或者家人反对从事的职业，则需要进行合理评估和调整职业发展目标。

根据时间长短可以分为长期目标、中期目标和近期目标。不同目标的评估维度不同：长期目标主要根据社会发展趋势做判断，中期目标主要根据行业发展前景做判断，近期目标主要根据自我特质与职业的匹配性做判断。近期目标是评估的重点，判断职业目标是否适合自己，是做相关性调整，还是做替代性调整。比如，一个同学近期目标规划是大学毕业选择营销岗位，成为一名销售专员。如果是相关性调整，可以选择做策划、企业宣传；而替代性调整，则是知识和能力的跨越，如选择设计岗位。

2. 职业生涯路径评估

职业生涯路径评估的目的是判断实现目标的道路是否可行。路径是实现目标的通道，目标和路径并非同一概念，大多数人容易把目标障碍和路径障碍混为一谈。目标不可行是本质的、彻底的不可行，是确定的；而路径的不可行只是暂时的，是可以选择的，即俗话所说条条大路通罗马。因此，大学生通过评估路径的可行性，可以找到更好地实现目标的方式和途径，更快达成规划目标。在现实中，有些职业目标的路径比较固定、单一，如既定的规划目标是一家中小型企业的物流经理，路径应该是物流专员—物流主管—物流经理。但有些职业目标的实现路径方式比较灵活，选择余地较大。比如规划成为一名高校教师，路径一：读硕士—高校辅导员—转教师岗位；路径二：读硕士—读博士—应聘高校教师岗位；路径三：企业技术专员—工程师—高级工程师—进学校成为双师型教师。

3. 职业生涯实施策略评估

实施策略评估的目的是判断实现目标的具体计划，包括方式和手段是否可行。大学生实施职业生涯规划的行动策略一般包括学习计划、专业技能提升计划、综合能力提升计划，涉及具体学习和提升的内容、评估标准和截止时间。根据自己所处的实际情况和现实环境条件，进行确认是否能够达成计划清单的目标。

4. 相关因素评估

在职业发展中，存在许多不确定性。风险意识是现在职业人士必备的素质之一。通过对可能存在的不可抗力的风险因素要做一个合理性评估，提前做好防范措施，避免不确定性的风险发生时彻底打乱生涯发展节奏，给自己的生涯发展带来巨大损失。主要风险包括身体健康、家庭经济状况恶化等。

（三）评估方法

1. 目标评估

采用正式评估方法，个人对规划目标从行业发展、价值观与职业兴趣三个维度进行分析，综合判断职业目标是否符合自身价值观、职业兴趣以及对未来前景的预期。职业目标评估测评表如表 5-1-1 所示。

职业目标评估测评表 表5-1-1

评估因素	评估标准	分值	评分
行业评估	行业发展前景认可度	1~10	
	职业发展空间满意度	1~10	
	薪酬福利水平满意度	1~10	
	职业压力适应度	1~10	
价值观	对职业声望的认可度	1~10	
	职业理想的吻合度	1~10	
	自我价值的达成度	1~10	
职业兴趣	与主兴趣类型符合程度(霍兰德兴趣编码首字母)	1~10	
	与次兴趣类型符合程度(霍兰德兴趣编码次字母)	1~10	
	与自我提升的兴趣类型符合度	1~10	
合计		100	

2. 路径与实施策略评估

路径评估主要针对近期、中期和长期目标的外部环境条件进行分析，判断路径实现的条件和标准是否改变。由于长期目标时间跨度较大，预测难度系数较高，因此一般不做阶段性评估。实施策略(也可以称为实施计划)是达成目标的重要保证，因此是评估的重点。在评估时需要对计划中的各项指标进行复盘，评估现状。路径及实施策略评估测评表如表5-1-2所示。

路径及实施策略评估测评表 表5-1-2

评估因素	评估标准		分值	评分
发展路径	近期目标的路径实现程度		1~10	
	中期目标的路径实现程度		1~10	
实施策略	学习计划达成度	核心专业知识掌握程度	1~10	
		与实现目标及路径对外语的要求，自我学习与掌握程度	1~10	
		综合知识学习掌握度	1~10	
	技能提升达成度	专业技能达成度	1~10	
		职业技能达成度	1~10	

续上表

评估因素	评估标准		分值	评分
实施策略	可迁移能力达成度	核心能力达成度	1~10	
	实践经验达成度		1~10	
相关因素	身体健康状况及家庭情况对实施计划的支持保证度		1~10	
合计			100	

评估是一项系统而复杂的工作，是自我管理的前提。要科学合理地评估自我，需要全面了解和掌握信息。这里推荐360度信息收集法，是指通过收集与自己有密切关系的、来自不同层面人员的评估信息，多渠道收集他人意见，全方位地评估自我。通过评估，刻意获得来自多方面对自己素质、能力等的评估意见，比较全面、客观地了解有关自己的个人特质、优缺点等信息，作为自己进行职业生涯规划及能力发展的重要参考。对大学生来说，可以请学校领导、老师、父母家人及长辈、同学朋友等对自己进行全面评估。

三、生涯故事

计算机专业的张同学，是一位来自西安的女生，性格热情开朗，做事积极主动，大一担任班长，深受老师和同学喜欢，是全年级的明星学生。刚进入大学，她就对自己的专业进行调查和咨询，着手规划大学四年，她对自己未来的职业生涯发展信心满满。

她认为自己的专业是计算机软件，又是当下最热门的专业之一，行业发展前景很好。因此，她的职业目标是成为一名软件工程师。为了实现这个目标，她对自己的学业、能力和实践三个方面进行了科学规划。在接下来的时间里，她一方面继续努力做好班长工作，另一方面投入了全部精力学习编程语言，生活非常充实。大二上期，她和同学们组建了团队，开始参与社会实践，承接市场业务。然而接下来大半年时间里，她在软件编程方面始终找不到感觉，经常加班到深夜，效果欠佳。渐渐的，她对自己的编程能力越来越失去信心，与此相反，她每次去谈业务都很顺利，获得许多企业的订单。她开始怀疑自己选择是否正确，怀着忐

忑的心情咨询了老师。经过霍兰德职业兴趣类型测试，她是属于ES型(企业型和社会型)，不擅长编程类工作岗位。

经过正式评估和实践验证，她决定调整职业目标，把市场营销作为首选目标。尽管许多同学不理解她的决定，家人也反对，但是她坚定自己目标。在大三这一年，能力积累的关键一年，她选择市场营销作为自己的辅修专业，并继续扎根软件行业。通过一年的努力，她对软件行业了解度加深，提升了与大客户的谈判能力，团队业绩倍增。当大四许多同学面对就业非常迷茫时，她已经顺利签约了一家公司，岗位是软件销售。毕业后，经过五年的发展，她的职业岗位从一名销售专员晋升为销售总监。

她回顾大学期间的职业生涯规划，非常感慨，庆幸自己能够提前规划职业，并审时度势，迅速调整职业目标，有计划地积累自己的行业经验和岗位能力。在市场竞争中比同龄人更具竞争优势，使职业生涯快速发展。

四、生涯活动坊

请通过评估现状，预测你未来职业生涯规划存在的风险，并撰写充分的评估理由(表5-1-3)。

路径及实施计划评估测评表　　表5-1-3

评估内容		现状达成度	存在风险	评估理由
职业目标				
发展路径				
实施计划	学业计划			
	技能提升计划			
	社会实践计划			
其他因素	健康状况等			

提醒：预案原则上不是直接放弃和改变原来计划，而是要做好充分的准备，确保原计划能够实现。只有且仅当原来计划实施的条件发生根本性改变，原定目标基本不可能实现时才重新拟定行动计划。

第二节 规划调整

一、生涯指引

社会经济不断发展，新兴行业不断出现，新职业如雨后春笋般不断涌现。互联网的概念热度还未消，量子通信、VR(虚拟现实)、人工智能、物联网等新概念、新行业、新企业以及新职位又不断涌现。行业、企业、职业的发展与衰退周期加快，你可能花了10年成为一个行业专家或者企业高管，结果整个行业被颠覆了，职业生涯遭遇“断崖式”危机。

在激烈的市场竞争环境下，个人的职业发展由以前的有边界向无边界发育。职业生涯发展无边界化，并不意味着不需要选择一个行业、组织和职位，而是说，个人会随时有可能在行业、组织和职位之间进行转换或流动。

思考：面对未来变化莫测的职业世界，你应该如何调整自己的职业生涯规则？

二、生涯知识

(一) 调整的含义

职业生涯规划调整是指对职业规划重新调配和安排，使其适合新的发展情况和要求。个人参照职业生涯规划评估结果，根据现实可能条件，对职业目标、发展路径和行动计划进行适应性改变，使规划方案更符合现实，消除职业发展障碍，达成职业目标。

职业生涯规划需要调整。一个好的职业生涯规划，需要具备可行性，需要有实施计划的具体措施和时间。但是，职业生涯规划做得过细，过于严格，就会束缚自己的手脚，可能丧失随时到来的种种机会，又会因为不切合实际而丧失可操

作性。在影响职业生涯的许多因素难以预料的情况下，要使职业生涯行之有效，就必须使职业生涯规划具有足够的弹性，在实践中不断进行评估和调整。这就需要我们在实践中定时定期地去检验目标完成的情况和评估环境的变化，从而做出正确的调整。

职业生涯规划具有阶段性特征，所以在不同发展的阶段都必须做出相应的调整，甚至是改变，但职业发展的宗旨是不变的，就是通过职业发展的机会，体现个人的价值，为社会做出应有的贡献。所以有了这样长期而又宏观的视野，就会根据自身状况的改变而做出应有的调整。职业生涯规划不是将职业目标定得最高就是好，而是切合实际的、可行的，有计划一步步完成的规划才是最好的职业生涯规划。大学生不仅需要适时调整自己的职业发展目标，也要重新审视自己的发展措施是否可行，要根据变化，重新制定自己的发展措施。只有目标是现实可行的，措施又能到位，才会实现自己的人生价值。通过职业生涯规划调整可以实现以下目的：

（1）对自己的强项充满自信；

（2）对自己的发展机会有一个清楚的了解；

（3）找出关键的有待改进之处；

（4）制订详细的行为改变计划，确保你能取得显著的进步和成就。

（二）参考因素

1. 环境因素

环境因素包括社会环境、政治环境、经济环境、科技环境、自然环境、法律环境等，从宏观层面认识到职业生涯发展的局限和可能，个人只能适应而不可改变。

2. 组织因素

组织因素包括组织规模、组织结构、组织文化、组织发展状况、人力资源规划、人力资源管理系统类型、晋升政策、人际关系等等一切与职业生涯发展有关的组织因素。要改变组织因素非常困难，但个人可以选择，到最适合自己发展的组织中工作。

3. 个人因素

个人因素包括年龄、性别、学历、工作经历、家庭背景、人格等等。一方面你要正确认识自己，另一方面要不断完善自己。

组织和个人只能适应第一因素，正确认识和分析第二、第三因素，寻求个人发展和组织发展的最佳匹配。

（三）调整依据与时机

1. 调整依据

在我们生涯发展的过程中也会出现这样或那样的问题，如当与社会发展发生冲突时，当与职业发展发生冲突时，当与个人兴趣爱好发生冲突时，职业生涯规划本身就要在发展中不断再调整。所以，我们在学习工作中出现以下问题时，生涯规划需要做出调整。

（1）怀疑自己不合格

如果我们工作学习感到痛苦，这可能是自己表现不佳而又不愿正视问题的表现。因此应该扪心自问：自己到底做得如何？我们可以请老师对自己的表现做一个评定，以确定是否仍符合他的要求，或是请教一位精明且诚信的同学，让大学生为自己做一个非正式的评估。

（2）过于轻松

如果自己能很轻松应对学习或工作时，有很多时间显得无聊，这可能表明我们的能力已远远超越我们的职位而自己却不知道。你可以问自己几个问题：我仍然能够从工作中学到别的东西吗？想进一步发展自己正在使用的技能吗？

（3）与老师不合拍

一种较好的测试方法是：我们在老师身边时感觉如何？是自在放松还是紧张不安？

（4）与同学不合拍

我们可以问问自己：当自己与同学交往时，是否觉得格格不入？是否对引起他们兴趣的话题感到乏味和无聊？如果是这样的话，那大学生可能已陷入一个无法展现自己的环境。

2. 调整时机

什么时候应该调整职业生涯规划？有效的生涯规划需要不断地反省调整，以适应环境的改变，调整的依据是每次评估后反馈的信息。具体来说，调整时机必须考虑下列三点：

（1）定期检测预定目标的达成进度；

（2）每一阶段目标达成之时，要依据实际效果，修订未来阶段目标可采用的策略；

（3）客观环境的改变影响计划的执行。

（四）调整内容与方法

1. 职业目标调整

由于目标决策与行业发展、价值观和兴趣类型有较密切关系。根据第一节评估结果，做出全面分析，制定目标调整方案（表 5-2-1）。

目标调整方法　　表 5-2-1

影响因素	评估结果	调整预案
行业发展	对目前行业现状满意度低	如果是通用性职业，岗位要求比较近似，比如会计，通过直接换行业就可以解决问题。如果是专业性非常强的职业，行业属性很高，跨行业成本很高，这种情况一般通过换岗位来解决；或者聚焦某个领域，实现自我突破，在行业不景气的情况，发现开创性的事业发展机会
价值观	不认可选择的职业	如果不认可行业，原则上换行业。如果不认可岗位，一般选择其他岗位，通过岗位环境、职责的差异性，来提高自我对职业的满意度
兴趣类型	不符合目标职业所对应的类型	调整工作岗位可以比较容易解决

2. 发展路径调整

路径是实现目标的必经关隘，要深刻认识到路径的重要性，既是目标实现的阶段性胜利，也是实现最终目标的根本性保证。有些职业发展路径非常单一，甚至是唯一，有些职业发展路径多元。对于路径单一的职业，需要自己正确认识，如果是坚定地从事这个职业，就要破釜沉舟，持之以恒，不达目的不罢休，最后突破路径障碍，实现目标。虽然职业规划可以调整，但也反对遇到困难就缩手缩脚，降低目标，改变路径，退而求其次的消极心理。

对于路径多元的职业目标，需要计算不同路径所消耗的时间、精力、资金等成本，选择优化路径，尽早实现目标，但需注意的是，抱有侥幸心理去走捷径、搭便车的行为不是优化路径。因为任何事物都是从量变到质变的过程，路径优化不等于捷径，优化是理性的选择，捷径是投机心理。

3. 实施策略调整

万丈高楼平地起，千里之行始于足下。达成目标的过程是艰辛的，需要制订可操作的实施计划，把实现目标所需要的条件细化到每天的具体行动中。大学生有理想有激情，制订目标容易，但落实到具体行动中难。实施计划涉及学业、能力、实践三大方面的任务，具体又含有许多指标。如何取舍、调整，需要围绕目标达成标准和时间进度，综合调整(表 5-2-2)。

实施策略调整法　　表 5-2-2

影响因素	评估结果	调整预案
学业计划	课程知识难度高，成绩不理想	加强学习，改进方法，单独辅导，提前学习
	英语等资格证备考困难	与入职挂钩的，专门辅导，解决门槛障碍
	综合知识类学习进度缓慢	轻重缓急，提高时间利用效率
能力提升计划	专业技能掌握不好	进实验室多练习
	可迁移技能有待提高	积极参加校内外活动，在实践中提升
实践经验积累计划	缺乏实践，眼高手低	通过自我寻找实践机会，提升自己；通过家庭、老师等社会资源，获得锻炼机会
其他因素	身体健康和家庭支持保障问题	减缓执行计划，放慢节奏，恢复健康。 化解家庭危机，解决家庭问题，赢得家人支持

如果在调整时，由于前期准备不充分，没有有效利用好机会和时间，职业发展现状不理想，评估结果较差。这个时候需要重点突破，在一个阶段着力解决学业，或能力，或实践方案的问题，这样反而比全面发力更具有目标指向性。

三、生涯故事

小刘是物流专业的一名学生，他的职业目标有两个：一是做一名物流经理，二是创业。小刘的母亲开了一家门店，做建材销售。由于从小受家庭环境的影

响，他对经商比较感兴趣。在大二上学期，他发现有一种LED灯照明效果好，质量和价格在重庆市场具有较大竞争力。说干就干，寒假小刘就和家人去广东考察，最后决定做重庆的总代理。2012年3月成立公司，开始创业，销售LED灯。到大三下期，小刘的公司累计销售收入达到300余万元。由于市场上同类型的竞争产品不断涌入，产品利润不断下滑，创业前景面临较大危机。经过评估，小刘把就业作为备选方案，规避风险。大四毕业季的时候，小刘选择了一家物流公司实习，3个月的实习工作做得非常出色，企业强烈要求留下他继续工作。在这3个月时间里，小刘继续探索企业如何转型，适应市场竞争环境。他发展了新的合伙人，对产品进行升级，扩大了市场份额，创业势头发展良好。大四下学期5月，他经过深思熟虑，辞去物流岗位工作，专注于创业，公司营收实现了快速增长。

生涯发展过程中，有许多不确定，只要保持好奇心，积极探索，用心准备，适度调整，职业生涯发展就会迎来新的转机。

四、生涯活动坊

假如你就是一个微信小编，你有什么招数提高自己的身价？

【参考意见】

第一是进入优质圈子。建议你从网络和线下靠近那些业内身价比你高，比你优秀的人，而不是你公司接触最多的人。从身价来说，同事圈并不是最好的圈子。比如说应该参加业内的课程、参加各种牛人发起的联盟，没事和高手混个活动，用同学圈进入同行圈；进入自己产品的领域的圈子，进入同业圈；再大点儿，做好自己的公众号，形成粉丝圈。

第二是基于优势提高能力。在圈子里你很快会对比周围，发现自己的优、劣势：比如说标题起得好，有人对外合作做得好，有人则特别会搞定作者。抓住一点，做到极致。

第三是持续输出自己讨喜的一面，包括以文字、行为、作品等方式。

【拓展阅读】

彼得·德鲁克：如何管理自己50年的职业生涯？

我们生活的这个时代充满着前所未有的机会：如果你有雄心，又不乏智慧，那么不管你从何处起步，你都可以沿着自己所选择的道路登上事业的顶峰，不过，有了机会，也就有了责任。今天的公司并不怎么管员工的职业发展；实际上，知识工作者必须成为自己的首席执行官。你应该在公司中开辟自己的天地知道何时改变发展道路，并在可能在长达 50 年的职业生涯中不断努力、干出成绩。要做好这些事情，你首先要对自己有深刻的认识——不仅清楚自己的优点缺点，也知道自己是怎样学习新知识和与别人共事的，并且还明白自己的价值是什么，自己又能在哪些方面做出最大的贡献。因为只有当所有工作都从自己长处着眼，你才能真正做到卓尔不群。历史上的伟人如拿破仑、达·芬奇、莫扎特都很善于自我管理。这在很大程度上也是他们成为伟人的原因。不过，他们属于不可多得的奇才，不但有着不同于常人的天资，而且天生就会管理自己，因而才取得了不同于常人的成就。而我们当中的大多数人，甚至包括算有点天赋的人，都不得不通过学习来掌握自我管理的技巧。我们必须学会发展，必须知道把自己放在什么样的位置上，才能做出最大的贡献，而且还必须在长达 50 年的职业生涯中保持着高度的警觉和投入。

1. 我的长处是什么

多数人都以为他们知道自己擅长什么。其实不然，更多的情况是，人们只知道自己不擅长什么——即便是在这一点上，人们也往往认识不清。然而，一个人要有所作为，只能靠发挥自己的长处，而如果从事自己不太擅长的工作是无法取得成就的，更不用说那些自己根本干不了的事情了。以前的人没有什么必要去了解自己的长处，因为一个人的出身就决定了他一生的地位和职业：农民的儿子也会当农民，工匠的女儿会嫁给另一个工匠等。但是，现在人们有了选择。我们需要知己所长，才能知己所属。要发现自己的长处，唯一途径就是回馈分析法。回馈分析法并不是什么新鲜的东西。我们只要持之以恒地运用这个简单的方法，就能在较短的时间内(可能两三年) 发现自己的长处这是你需要知道的最重要的事情。在采用这种方法之后，你就能知道，自己正在做(或没有做) 的哪些事情会让你的长处无法发挥出来。同时，你也将看到自己在哪些方面的能力不是特别强。最后，你还将了解到自己在哪些方面完全不擅长，做不出成绩来。

2. 我的工作方式是怎样的

同一个人的长处一样，一个人的工作方式也是独一无二的，这由人的个性决定。不管个性是先天决定的，还是后天培养的，它肯定是早在一个人进入职场前

就形成了。正如一个人擅长什么、不擅长什么是既定的一样，一个人的工作方式也基本固定，它可以略微有所调整，但是不可能完全改变，当然也不会轻易改变。而且就像人们从事自己最拿手的工作容易做出成绩一样，他们要是采取了自己最擅长的工作方式也容易取得成就。通常，几个常见的个性特征就决定了一个人的工作方式。

3. 我如何学习

要了解一个人的工作方式，需要弄清的第二点是，他是如何学习的。许多一流的笔杆子都不是好学生，温斯顿·丘吉尔就是一例。在他们的记忆中，上学往往是十足的折磨。然而，他们的同学有这种记忆的却很少。他们可能在学校里得不到什么乐趣，对他们来说上学的最大痛苦是无聊。有关这个问题的解释是，笔头好的人一般不靠听和读来学习，而靠写来学习，这已成了一种规律。学校不让他们以这种方式学习，所以他们的成绩总是很糟糕。所有的学校都遵循这样的方式而且人人都得遵从，但是，对学习方式和办学思路来说，只有一种正确的学习方式，被迫按学校教的方式来学习就是地狱。实际上，学习大概有六七种不同的方式。

4. 我的价值观是什么

要能够自我管理，你最后不得不问的问题是：我的价值观是什么？这不是一个有关伦理道德的问题。道德准则对每一个人都一样。要对一个人的道德进行测试，方法很简单。我把它称为“镜子测试”。组织和人一样，也有价值观。为了在组织中取得成效，个人的价值观必须与这个组织的价值观相容。两者的价值观不一定要相同，但是必须相近足以共存。不然，这个人在组织中不仅会感到沮丧，而且做不出成绩。

5. 对自己的人际关系负责

除了少数伟大的艺术家、科学家和运动员，很少有人是靠自己单枪匹马而取得成功的。不管是组织成员还是个体职业者，大多数人都要与别人进行合作，并且是有效的合作。要实现自我管理，你需要对自己的人际关系负起责任。这包括两部分内容：第一部分是要接受别人是和你一样的个体这个事实。他们会执意展现自己作为人的个性。这就是说，他们也有自己的长处、自己的做事方式和自己的价值观。因此，要想卓有成效，你就必须知道共事者的长处、工作方式和价值观。这个道理听起来让人很容易明白，但是没有几个人真正会去注意。人际关系责任的第二部分内容是沟通责任。在我或是其他人开始给一个组织做咨询时，我们听到的第一件事都与个性冲突有关。其中大部分冲突都是因为：人们不知道别人在做什么，他们又是采取怎样的工作方式，专注于做出什么样的贡献以及期望得到怎样的结果。而这些人不了解情况的原因是，他们没有去问，结果也就不得而知。

6. 管理后半生

我们听到了许多有关经理人的中年危机论，“厌倦”这个词在其中频频出现。45 岁时，多数经理人的职业生涯达到了顶峰，他们也知道这一点。在做了 20 年完全相同的工作之后，他们已经得心应手。但是他们学不到新东西，也没有什么新贡献，从工作中找不到挑战，因而也谈不上满足感。然而在他们面前，还有 20~25 年的职业道路要走。这就是为什么经理人在进行自我管理后，越来越多地开始发展第二职业的原因。发展第二职业有三种方式：第一种是完全投身新工作，这常常只需要从一种组织转到另一种组织。例如，一家大公司某事业部的会计师成为一家中型医院的财务总监，但是也有越来越多的人转入完全不同的职业。例如，公司经理在 45 岁进入政府内阁；或者中层管理人员在公司工作 20 年后离职，到法学院进修，成为一个小镇的律师。为后半生做准备的第二种方式是发展一个平行的职业。许多人的第一职业十分成功，他们还会继续从事原有工作，或全职或兼职，甚至只是当顾问。最后一种方法是社会创业。社会创业者通常是在第一职业中非常成功的人士。他们都热爱自己的工作，但是这种工作对他们已经不再有挑战性。在许多情况下。他们虽然继续做着原来的工作，但在这份工作上花的时间越来越少。他们同时开创了另一项事业，通常是非营利性活动。

管理好后半生有一个先决条件：你必须早在你进入后半生之前就开始行动。当 30 年前人们首次认识到工作寿命正在迅速延长时，许多观察家(包括我自己)认为，退休人员会越来越多地成为非营利机构的志愿者。可是，这种情况并没有发生。一个人如果不在 40 岁之前就开始做志愿者，那他 60 岁之后也不会去做志愿者。同样，我认为的所有社会创业者，都是早在他们原有的事业达到顶峰之前就开始从事他们的第二事业。

职业生涯评估与调整的逻辑起点是自我探索，根据外部环境，提前行动，既要做到“谋定而后动”，也要做到“计划中调整”，始终使自己保持职业生涯发展竞争力。

思考与练习

1. 什么是职业生涯规划评估？评估的方法有哪些？
2. 职业生涯规划调整的依据是什么？
3. 在无边界职业生涯时代下，个人如何突破职业生涯发展瓶颈？

附录一　霍兰德职业适应性量表(SDS)

本问卷共90道题目，每道题目是一个陈述，请你根据自己的真实情况对这些陈述进行评价，如果符合实际情况就在相应的题目前打“√”，否则打“×”，不要漏答。

1. 强壮而敏捷的身体对我很重要。
2. 我必须彻底地了解事情的真相。
3. 我的心情受音乐、色彩和美丽事物的影响极大。
4. 和他人的关系丰富了我的生命并使它有意义。
5. 我自信会成功。
6. 我做事必须有清楚的指引。
7. 我擅长于自己制作、修理东西。
8. 我可以花很长的时间去想通事情的道理。
9. 我重视美丽的环境。
10. 我愿意花时间帮别人解决个人危机。
11. 我喜欢竞争。
12. 我在开始一个计划前会花很多时间去计划。
13. 我喜欢使用双手做事。
14. 探索新构思使我满意。
15. 我是寻求新方法来发挥我的创造力。
16. 我认为能把自己的焦虑和别人分担是很重要的。
17. 成为群体中的关键任务执行者，对我很重要。
18. 我对于自己能重视工作中的所有细节感到骄傲。
19. 我不在乎工作把手弄脏。
20. 我认为教育是个发展及磨炼脑力的终身学习过程。
21. 我喜欢非正式的穿着，喜欢尝试新颜色和款式。
22. 我常能体会到某人想要和他人沟通的需要。
23. 我喜欢帮助别人不断改进。
24. 我在决策时，通常不愿冒险。

25. 我喜欢购买小零件，做成成品。
26. 有时我长时间阅读，玩拼图游戏，冥想生命本质。
27. 我有很强的想象力。
28. 我喜欢帮助别人发挥天赋和才能。
29. 我喜欢监督事情直至完工。
30. 如果我面对一个新情景，会在事前做充分的准备。
31. 我喜欢独立完成一项任务。
32. 我渴望阅读或思考任何可以引发我好奇心的东西。
33. 我喜欢尝试创新的概念。
34. 如果我和别人摩擦，我会不断尝试化干戈为玉帛。
35. 要成功就必须定高目标。
36. 我喜欢为重大决策负责。
37. 我喜欢直言不讳，不喜欢转弯抹角。
38. 我在解决问题前，必须把问题进行彻底分析。
39. 我喜欢重新布置我的环境，使他们与众不同。
40. 我经常借着和别人交谈来解决自己的问题。
41. 我常想起草一个计划，而由别人完成细节。
42. 准时对我来说非常重要。
43. 从事户外活动令我神清气爽。
44. 我不断地问：为什么？
45. 我喜欢自己的工作能够抒发我的情绪和感觉。
46. 我喜欢帮助别人找可以和他人相互关注的办法。
47. 能够参与重大决策是件令人兴奋的事情。
48. 我经常保持清洁，喜欢有条不紊。
49. 我喜欢周边环境简单而实际。
50. 我会不断地思索一个问题，直到找出答案为止。
51. 大自然的美深深地触动我的灵魂。
52. 亲密的人际关系对我很重要。
53. 升迁和进步对我极重要。
54. 当我把每日工作计划好时，我会较有安全感。
55. 我不害怕过重工作负荷，且知道工作的重点。
56. 我喜欢能使我思考、给我新观念的书。

57. 我希望能看到艺术表演、戏剧及好的电影。
58. 我对别人的情绪低潮相当的敏感。
59. 能影响别人使我感到兴奋。
60. 当我答应一件事时，我会竭尽能力监督所有细节。
61. 我希望粗重的肢体工作不会伤害任何人。
62. 我希望能学习所有使我感兴趣的科目。
63. 我希望能做些与众不同的事。
64. 我对别人的困难乐于伸出援手。
65. 我愿意冒一点险以求进步。
66. 当我遵循成规时，我感到安全。
67. 我选车时，最先注意的是好的引擎。
68. 我喜欢能刺激我思考的话。
69. 当我从事创造性的事时，我会忘掉一切旧经验。
70. 我对社会上有许多人需要帮助感到关注。
71. 说服别人依计划行事是件有趣的事情。
72. 我擅长于检查细节。
73. 我通常知道如何应付紧急事件。
74. 阅读新发现的书是件令人兴奋的事情。
75. 我喜欢美丽、不平凡的东西。
76. 我经常关心孤独、不友善的人。
77. 我喜欢讨价还价。
78. 我花钱时小心翼翼。
79. 我用运动来保持强壮的身体。
80. 我经常对大自然的奥秘感到好奇。
81. 尝试不平凡的新事物是件相当有趣的事情。
82. 当别人向我诉说他的困难时，我是个好听众。
83. 做事失败了，我会再接再厉。
84. 我需要确切地知道别人对我的要求是什么。
85. 我喜欢把东西拆开，看看能否修理他们。
86. 我喜欢研读所有的事实，再有逻辑地做出决定。
87. 没有美丽事物的生活，对我而言是不可思议的。
88. 人们经常告诉我他们的问题。

89. 我常能借着资讯网络和别人取得联系。
90. 小心谨慎地完成一件事是件有成就感的事情。

评分办法：下表中的数字代表上列兴趣测验中的题号

现实型	1	7	13	19	25	31	37	43	49	55	61	67	73	79	85
研究型	2	8	14	20	26	32	38	44	50	56	62	68	74	80	86
艺术型	3	9	15	21	27	33	39	45	51	57	63	69	75	81	87
社会型	4	10	16	22	28	34	40	46	52	58	64	70	76	82	88
企业型	5	11	17	23	29	35	41	47	53	59	65	71	77	83	89
常规型	6	12	18	24	30	36	42	48	54	60	66	72	78	84	90

请算出每种类型打“√”的数目，并填在下面：

现实型____ 研究型____ 艺术型____ 社会型____ 企业型____ 常规型____

将上述分数从高到低依次排好，并填在下面：

第一位____ 第二位____ 第三位____ 第四位____第五位____ 第六位____

附录二　职业能力倾向自我评定量表

一、简介

能力倾向是一种潜在的素质，是指一个人能够获得新知识、新技能的潜力，经过适当的训练或处于适当的环境下完成某项任务的可能性。它相对稳定地影响一个人在职业上的选择，却尚不能直接影响职业成就。普通能力倾向测验(GATB)由美国劳工部花费了10多年时间研制的，对9种必需的能力倾向进行测验。

二、量表

测 评 项 目	自 我 评 定 等 级				
(一)一般学习能力倾向(G)	强(1)	较强(2)	一般(3)	较弱(4)	弱(5)
1. 快而容易地学习新内容					
2. 快而正确地解决数学题目					
3. 你的学习成绩总的来说处于					
4. 对文章的字、词、段落、篇章的理解、分析和综合能力					
5. 对学习过的材料的记忆能力					
(二)语言能力倾向(V)	强(1)	较强(2)	一般(3)	较弱(4)	弱(5)
1. 善于表达自己的观点					
2. 阅读速度和理解能力					
3. 掌握词汇的程度					
4. 你的语文成绩					
5. 你的写作能力					
(三)算术能力倾向(N)	强(1)	较强(2)	一般(3)	较弱(4)	弱(5)

续上表

测　评　项　目	自我评定等级				
1. 做出精确测量					
2. 笔算能力					
3. 口算能力					
4. 做算术应用题的能力					
5. 你的数学成绩					
(四) 空间判断能力倾向(S)	强(1)	较强(2)	一般(3)	较弱(4)	弱(5)
1. 解答立体几何方面的习题					
2. 画三维的立体图形					
3. 看几何图形的立体感					
4. 想象盒子展开后的平面形状					
5. 想象三维的物体					
(五) 形态知觉能力倾向(P)	强(1)	较强(2)	一般(3)	较弱(4)	弱(5)
1. 发现相似图形中的细微差别					
2. 识别物体的形状差异					
3. 注意物体的细节部分					
4. 观察物体的图案是否正确					
5. 对物体的细微描述					
(六) 书写知觉(Q)	强(1)	较强(2)	一般(3)	较弱(4)	弱(5)
1. 快而准确地抄写资料(如性别、日期、电话号码)					
2. 发现错别字					
3. 发现计算错误					
4. 能很快查找编码卡片					
5. 自我控制能力(如长时间抄写资料)					
(七) 眼手运动协调能力(K)	强(1)	较强(2)	一般(3)	较弱(4)	弱(5)
1. 玩电子游戏					
2. 篮球、排球、足球一类运动					
3. 乒乓球、羽毛球运动					
4. 打算盘					
5. 打字能力					
(八) 手指灵巧度(F)	强(1)	较强(2)	一般(3)	较弱(4)	弱(5)

续上表

测 评 项 目	自我评定等级				
1. 灵活地使用很小的工具					
2. 穿针眼、编织等使用手指的活动					
3. 用手指做一件小工艺品					
4. 使用计算器的灵巧程度					
5. 弹琴					
（九）手腕灵巧度（M）	强（1）	较强（2）	一般（3）	较弱（4）	弱（5）
1. 用手把东西分类					
2. 在推拉东西时手的灵活度					
3. 很快地削水果					
4. 灵活地使用手工工具					
5. 在绘画、雕刻等手工活动中的手的灵活性					

三、统计分数方法

（1）对每一类能力倾向计算总计次数：每一道题目“强-1 分”“较强-2 分”“一般-3 分”“较弱-4 分”和“弱-5 分”五个等级，供自评。

（2）各项等级计分=[（“强”次数×1）+（“较强”次数×2）+（“一般”次数×3）+（“较弱”次数×4）+（“弱”次数×5）]/5。

（3）将自评登记填入职业能力倾向自我测评成绩表。

四、职业能力倾向自我测评成绩表

职业能力倾向	平均等级分	职业能力倾向	平均等级分
G		Q	
V		K	
N		F	
S		M	
P			

根据结果对照下表，可发现自己适合的职业。注意：下表中的数字表示该项能力倾向的最低水平，表示数字为等级，1－强，2－较强，3－一般，4－较弱，5-弱。

五、职业对人的职业能力倾向的要求

职业类型	职业能力倾向								
	G	V	N	S	P	Q	K	F	M
生物学家	1	1	1	2	2	3	3	2	3
建筑师	1	1	1	1	2	3	3	3	3
测量员	2	2	2	2	2	3	3	3	3
测量辅导员	4	4	4	4	4	4	3	4	3
制图员	2	3	2	2	2	3	2	2	3
建筑和工程技术专家	2	2	2	2	2	3	3	3	3
建筑和工程技术员	2	3	3	3	3	3	3	3	3
物理科学技术家	2	2	2	2	3	3	3	3	3
物理科学技术员	2	3	3	3	2	3	3	3	3
农业、生物、动物、植物学的技术专家	2	2	2	4	2	3	3	2	3
农业、生物、动物、植物学的技术员	2	3	3	4	2	3	3	3	3
数学家和统计学家	1	1	1	3	3	2	4	4	4
系统分析和计算机程序编制者	2	2	2	2	3	3	4	4	4
经济学家	1	1	1	4	4	2	4	4	4
社会学家、人类学家	1	1	3	2	2	3	4	4	4
心理学家	1	1	2	2	2	3	4	4	4
历史学家	1	1	3	4	4	3	4	4	4

职业类型	G	V	N	S	P	Q	K	F	M
哲学家	1	1	4	3	3	3	4	4	4
政治学家	1	1	3	4	4	3	4	4	4
政治经济学家	2	2	2	3	3	3	3	3	5
社会工作者	2	2	3	4	4	3	4	4	4
社会服务助理人员	3	3	3	4	4	3	4	4	4
法官	1	1	3	4	3	3	4	4	4
律师	1	1	3	4	4	3	4	4	4
公证人	2	2	3	4	4	3	4	4	4
图书管理学专家	2	2	3	3	4	2	3	4	4
图书馆、博物馆和档案管理员	3	3	3	2	2	4	3	2	3
职业指导者	2	2	3	4	4	3	4	4	4
大学教师	1	1	3	3	2	3	4	4	4
中学教师	2	2	3	4	3	3	4	4	4
小学和幼儿园教师	2	2	3	3	3	3	3	3	3
职业学校教师(职业课)	2	2	2	3	3	3	3	3	3
职业学校教师(普通课)	2	2	3	4	3	3	4	4	4
内、外、牙科医生	1	1	2	1	2	3	2	2	2
兽医学家	1	1	2	1	2	3	2	2	2
护士	2	2	3	3	3	3	3	3	3
护士助手	2	4	4	4	4	2	2	3	2
工业药剂师	2	1	2	3	2	2	3	2	3
医院药剂师	2	2	2	4	3	2	3	2	3
营养学家	2	2	2	3	3	3	4	4	4

职业类型	G	V	N	S	P	Q	K	F	M
	职业能力倾向								
配镜师(医)	2	2	2	2	2	3	3	3	3
配眼镜商	3	3	3	3	3	4	3	2	3
放射科技术人员	3	3	3	3	3	3	3	3	3
药物实验室技术专家	2	2	2	3	2	3	3	2	3
药物实验室技术员	2	3	3	3	3	3	3	3	3
画家、雕刻家	2	3	4	2	2	5	2	1	2
产品设计和内部装饰者	2	2	3	2	2	4	2	2	3
舞蹈家	2	3	3	2	3	4	2	2	3
演员	2	2	4	3	4	4	4	4	4
电台播音员	2	2	3	4	4	3	4	4	4
作家和编辑	2	1	3	3	3	3	4	4	4
翻译人员	2	1	4	4	4	3	4	4	4
体育教练	2	2	2	4	4	3	4	4	4
运动员	3	3	4	2	3	4	2	2	2
秘书	3	3	3	4	3	2	3	3	3
打字员	3	3	4	4	4	3	3	3	3
记账员	3	3	3	4	4	2	3	3	4
出纳员	3	3	3	4	4	2	3	3	4
统计员	3	3	3	4	3	2	3	3	4
电话接线员	3	3	4	4	4	3	3	3	3
一般办公室职员	3	4	3	4	4	3	3	4	4
商业经营管理	2	2	3	4	4	3	4	4	4
售货员	3	3	3	4	4	3	4	4	4

职业类型	G	V	N	S	P	Q	K	F	M
	职业能力倾向								
警察	3	3	3	4	3	3	3	4	3
门卫	4	4	5	4	4	4	4	4	4
厨师	4	4	4	4	3	4	3	3	3
招待员	3	3	4	4	4	4	3	4	3
理发员	3	3	4	4	3	4	2	2	2
导游	3	3	4	3	3	5	3	3	3
驾驶员	3	3	3	3	3	3	3	4	3
农民	3	4	4	4	4	4	4	4	4
动物饲养员	3	4	4	4	4	4	4	4	4
渔民	4	4	4	4	4	5	3	4	3
矿工	3	4	4	3	4	5	3	4	3
纺织工人	4	4	4	4	3	5	3	3	3
机床操作工	3	4	4	3	3	4	3	4	3
锻工	3	4	4	4	3	4	3	4	3
无线电修理工	3	3	3	3	2	4	3	3	3
细木工	3	3	3	3	3	4	3	4	4
家具木工	3	3	3	3	3	4	3	4	3
一般木工	3	4	4	3	4	4	3	4	3
电工	3	3	3	3	3	4	3	3	3
裁缝	3	3	4	3	3	4	3	2	3

附录三　职业价值观测评量表

在许多场合，大学生往往要在一些得失中做出选择，如是要工作舒适轻松，还是高薪，要成就一番事业还是要安稳太平，当两者有冲突时，最终影响大学生决策的是存在于内心的职业价值观，而大学生有时对自己的价值观并不是很清楚。同时，也没有一种职业能完全满足一个人所重视的各种价值观，因而，了解自己各种价值观的权重排序是非常必要的一件事情，这就要进行职业价值观测评。通过职业价值观测试，就可以大致了解自己的职业价值观倾向，从而为自己选择理想的职业提供信息。

一、测评内容

测验设计：本测评共计52道题，可帮助测试者大致确定自己的职业价值观类型。在回答下列问题时，若自己认为“很不重要”记1分，“较不重要”记2分，“一般”记3分，“比较重要”记4分，“非常重要”记5分。

(1) 你的工作必须经常解决新的问题。

(2) 你的工作能为社会福利带来看得见的效果。

(3) 你的工作奖金很高。

(4) 你的工作内容经常变换。

(5) 你能在你的工作范围内自由发挥。

(6) 工作能使你的同学、朋友非常羡慕你。

(7) 工作带有艺术性。

(8) 你的工作能使人感觉到你是团体中的一分子。

(9) 不论你怎么干，你总能和大多数人一样晋升和涨工资。

(10) 你的工作使你有可能经常变换工作地点、场所或方式。

(11) 在工作中你能接触到各种不同的人。

(12) 你的工作上下班时间比较随便、自由。

（13）你的工作使你不断获得成功的感觉。

（14）你的工作赋予你高于别人的权力。

（15）在工作中，你能施行一些自己的新想法。

（16）在工作中你不会因为身体或能力等因素，被人瞧不起。

（17）你能从工作的成果中，知道自己做得不错。

（18）你的工作经常要外出、参加各种集会和活动。

（19）只要你干上这份工作，就不再被调到其他意想不到的单位和工种上去。

（20）你的工作能使世界更美丽。

（21）在你的工作中，不会有人常来打扰你。

（22）只要努力，你的工资会高于其他同年龄的人，升级或涨工资的可能性比干其他工作大得多。

（23）你的工作是一项对智力的挑战。

（24）你的工作要求你把一些事务管理得井井有条。

（25）你的工作单位有舒适的休息室、更衣室、浴室及其他设备。

（26）你的工作有可能结识各行各业的知名人物。

（27）在你的工作中，能和同事建立良好的关系。

（28）在别人眼中，你的工作是很重要的。

（29）在工作中，你经常接触到新鲜的事物。

（30）你的工作使你能常常帮助别人。

（31）你在工作单位中，有可能经常变换工作。

（32）你的作风使你被别人尊重。

（33）同事和领导人品较好，相处比较随便。

（34）你的工作会使许多人认识你。

（35）你的工作场所很好，比如，有适度的灯光，安静、清洁的工作环境，甚至恒温、恒湿等优越的条件。

（36）在工作中，你为他人服务，使他人感到很满意，你自己也很高兴。

（37）你的工作需要计划和组织别人的工作。

（38）你的工作需要敏锐的思考。

（39）你的工作可以使你获得较多的额外收入，比如，常发放实物，常购买打折扣的商品，常发放商品的提货券，有机会购买进口货等。

(40) 在工作中你是不受别人差遣的。

(41) 你的工作结果应该是一种艺术而不是一般的产品。

(42) 在工作中你不必担心会因为所做的事情领导不满意，而受到训斥或经济惩罚。

(43) 在你的工作中能和领导有融洽的关系。

(44) 你可以看见你努力工作的成果。

(45) 在工作中常常要你提出许多新的想法。

(46) 由于工作的关系，经常有许多人来感谢你。

(47) 你的工作成果常常能得到上级、同事或社会的肯定。

(48) 在工作中，你可能做一个负责人，虽然可能只领导很少几个人，你信奉“宁做兵头，不做将尾”的俗语。

(49) 你从事的工作，经常在报刊、电视中被提到，因而在人们的心目中很有地位。

(50) 你的工作有数量可观的夜班费、加班费、保健费或营养费等。

(51) 你的工作比较轻松，精神上也不紧张。

(52) 你的工作需要和影视、戏剧、音乐、美术、文学等艺术打交道。

二、测评结果说明

本测试将人的职业价值观分为 13 种类型，各类型的基本含义见下表。测试者根据评价表中每一项前面的题号，计算每一项的得分总数，并将其填在每一栏的得分栏上，然后再表格下面依次列出得分最高和得分最低的三项。

职业价值观测评表

得分	项目	价值观	所属题目	说明
	1	利他主义	2，30，36，46	工作的目的和价值，在于直接为大众的幸福和利益尽一份力
	2	美感	7，20，41，52	工作的目的和价值，在于能不断地追求美的东西，得到美感享受
	3	智力刺激	1，23，38，45	工作的目的和价值，在于不断进行智力的操作，动脑思考，学习以及探索新事物，解决新问题

续上表

得分	项目	价值观	所属题目	说明
	4	成就感	13，17，44，47	工作的目的和价值，在于不断创新，不断取得成就，不断得到领导与同事的赞扬，或不断实现自己想要做的事
	5	独立性	5，15，21，40	工作的目的和价值，在于能充分发挥自己的独立性和主动性，按自己的方式、步调或想法去做，不受他人的干扰
	6	社会地位	6，28，32，49	工作的目的和价值，在于从事的工作在人们的心目中有较高的社会地位，从而使自己得到他人的重视与尊敬
	7	管理	14，24，37，48	工作的目的和价值，在于获得对他人或某事物的管理支配权，能指挥和调遣一定范围内的人或事物
	8	经济报酬	3，22，39，50	工作的目的和价值，在于获得优厚的报酬，使自己有足够的财力去获得自己想要的东西，使生活过得较为富足
	9	社会交际	11，18，26，34	工作的目的和价值，在于能和各种人交往，建立比较广泛的社会联系和关系，甚至能和知名人物结识
	10	安全感	9，16，19，42	不管自己能力怎样，希望有一个安稳的工作，不会因为奖金、加工资、调动工作或领导训斥等经常提心吊胆、心烦意乱
	11	舒适	12，25，35，51	希望能将工作作为一种消遣、休息或享受的形式，追求比较舒适、轻松、自由、优越的工作条件和环境
	12	人际关系	8，27，33，43	希望一起工作的大多数同事和领导人品较好，相处在一起感到愉快、自然，认为这就是很有价值的事，是一种极大的满足
	13	变化性	4，10，29，31	希望工作的内容应该经常变换，使工作和生活显得丰富多彩，不单调、枯燥

得分最高的三项：1.　　2.　　3.

得分最低的三项：1.　　2.　　3.

在得分最高和得分最低的前三项中，大致可以看出你的价值倾向，在选择职业时，可以作为比较有用的参考。

主要参考文献

[1] 陈洪权．人力资源管理[M]. 2版．北京：清华大学出版社，2016.

[2] 刘英侠．人力资源管理[M]．北京：中国人民大学出版社，2015.

[3] 职业生涯与发展规划课题组．大学生职业生涯与发展规划教程[M]．北京：中国传媒大学出版社，2015.

[4] 安滨江．大学生职业发展与成功就业[M]．哈尔滨：哈尔滨工业大学出版社，2014.

[5] 王占军．大学生职业生涯规划咨询案例精编[M]．上海：华东师范大学出版社，2017.

[6] 中国就业培训技术指导中心．高校毕业生职业指导案例集[M]．北京：中国劳动社会保障出版社，2015.

[7] 刘磊，岳付灿．我们招聘什么样的应届生[M]．上海：上海交通大学出版社，2017.

[8] 古典．你的生命有什么可能[M]．长沙：湖南文艺出版社，2014.

[9] [美]理查德·尼尔森·鲍利斯．你的降落伞是什么颜色[M]．李春雨，王鹏程，陈雁，译．北京：中国华侨出版社，2014.

[10] [美]约翰·D克虏伯，AI S列文．永远相信，幸运的事情即将发生[M]．李春雨，毛强．译．北京：中国华侨出版社，2015.

[11] 钟谷兰，杨开．大学生职业生涯发展与规划[M]．上海：华东师范大学出版社，2010.

[12] 贾杰．活得明白[M]．北京：北京大学出版社，2015.

[13] 周莉．职业生涯规划[M]．北京：中国人民大学出版社，2014.

[14] 鲍金勇．原来大学可以这样读——职业规划师教你如何成为职场绩优股[M]．上海：上海交通大学出版社，2013.

[15] 裴宇晶，邹家峰．为自己的性格找份工作：九型人格与职业生涯规划[M]．北京：民主与建设出版社，2017.

后　　记

大学生是民族的希望、国家的未来和宝贵的人才资源。党中央、国务院高度重视大学生的培养教育及其就业工作，教育部也要求高校将“大学生职业发展与就业指导课”列为公共课，通过激发大学生职业生涯发展的自主意识，树立正确的就业观，促使大学生理性地规划自身未来的发展，并努力在学习过程中自觉地提高就业能力和生涯管理能力，促进大学生的全面成长和终身发展。为此，职业生涯规划与发展成了当前大学生关注的热点之一。但不少大学生还没有真正理解职业生涯规划与发展的确切含义，对职业生涯规划与发展的重要意义认识不足，不了解职业生涯规划与发展的程序，缺乏进行规划的具体技巧。所以，不少大学生对职业生涯规划与发展或冷眼相对，或茫然无所适从，或使规划流于形式，或不顾主客观条件任意随自己的兴致来“规划”，这将导致职业生涯规划与发展的应有作用不能充分发挥。因此，重庆交通大学大力加强大学生职业生涯规划与发展课程建设，积极开发大学生职业生涯规划与发展教材，将《大学生职业生涯规划与发展》列入学校“十三五”教材规划，并组织长期从事高校毕业生就业工作和学生教育管理工作的同志，结合当前我国大学生特点和职业生涯规划与发展本土化进行编写。

在本书编写过程中，我们参考、借鉴、引用了公开出版的有关文献，并力求注明出处，但难免挂一漏万，敬请谅解。在本书的编写、出版过程中，重庆交通大学教务处的领导和负责教材建设工作的李乔等老师给予了大力支持和帮助，在此一并向他们表示衷心感谢。

鉴于编者水平有限，加之时间紧张，书中的不足或错误在所难免，我们诚恳欢迎读者和同行及专家给予批评和指正，以便今后我们进一步修订和不断完善。

作　者

2017 年 12 月